グローバリゼーションの地理学

田中　恭子 著

時潮社

目　次

序　論 …………………………………………………………………………11
第1節　ネオリベラリズム（新自由主義） ……………………………12
（1）経済的リベラリズムとしてのネオリベラリズム　12
（2）ネオリベラル経済改革　13
第2節　第1次グローバリゼーションの時代 …………………………13
（1）古典的リベラリズム　13
（2）第1次グローバリゼーションの波　14
（3）保護貿易主義と自由貿易主義の対立　15
（4）イギリス帝国の衰退　17
第3節　第2次グローバリゼーションの時代 …………………………17
（1）脱グローバリゼーションの時代　17
（2）第2次グローバリゼーションの波　19
（3）1970年代におけるIMFの役割変化　20
（4）1980年代から変化したIMFと世界銀行の政策　20
第4節　アメリカの政治を動かす巨大企業 ……………………………21
（1）グローバル企業　21
（2）トランプ政権への期待と今後のグローバリゼーション　22
（3）グローバリゼーションに伴う戦争のリスク　22
（4）本書の構成　23

第1章　ペトロダラー・システム ……………………………………27
第1節　ペトロダラー・システムの確立 ………………………………27
（1）ブレトン・ウッズ体制　27
（2）1971年のニクソン・ショック　28
（3）1973年の第1次オイルショックとペトロダラー　29
（4）ペトロダラー・システムによるドル資金の還流　30
（5）2003年のイラン攻撃の背景　31
第2節　ペトロダラー・システムはいつ崩壊するか ………………32

（1）リーマン・ショックと原油価格の高騰と暴落　32
　（2）2014年以降の原油価格の暴落の背景　33
　（3）ソ連・ロシア経済と原油価格の変動　34
　第3節　2017年6月のカタール断交とペトロダラーの今後 …………36
　（1）2017年6月のカタール断交　36
　（2）中国との貿易と人民元での決済　38

第2章　ラテンアメリカにおける米国支配の歴史 ……………………41
　第1節　ラテンアメリカ諸国の独立とアメリカの経済支配の歴史 …41
　（1）ラテンアメリカ諸国の独立と経済発展　41
　（2）モンロー主義　44
　第2節　バナナ・リパブリック ………………………………………46
　（1）米資本バナナ・プランテーションと「バナナ・リパブリック」　46
　（2）ホンジュラス――最初の「バナナ・リパブリック」　46
　（3）サミュエル・ザムライ　47
　（4）グアテマラのバナナ・リパブリック　48
　（5）1954年のグアテマラのクーデター　49
　（6）グアテマラのクーデター後　50
　（7）キューバ革命　52
　　コラム　2.1　アメリカの帝国主義的領土拡大　54

第3章　1970年代の南米の軍事政権とネオリベラル改革 ……………61
　第1節　南米南部地域の地理的特徴 …………………………………61
　第2節　輸入代替工業化政策の転換とネオリベラル改革 …………62
　（1）輸入代替工業化政策　62
　（2）ネオリベラル改革　63
　　コラム　3.1　ミルトン・フリードマンの経済理論　64
　第3節　チリのアジェンデ政権打倒のためのモデル ………………66
　（1）チリのクーデターのモデル　66
　　①1964年のブラジルのクーデター　67
　　②1965年のインドネシアのクーデター　68

第4節　ピノチェト軍事政権下のネオリベラル改革 ……………69
　　　　（1）軍事クーデター　69
　　　　（2）シカゴ・ボーイズの経済改革　69
　　　　　①1973年から1980年代中頃まで　69
　　　　　②1980年代半ば以降の政策転換　72
　　　コラム　3．3　ショック・ドクトリン　73
　　　第5節　アルゼンチンの軍事クーデター ……………………………74
　　　　（1）1976年のクーデター前の政権　74
　　　　（2）1976年からの軍事政権期　75
　　　　（3）コンドル作戦とアメリカの関与　77
　　　コラム　3．4　1970年代のエコノミック・ヒットマン　78
　　　第6節　カーター政権の人権外交からレーガン政権の
　　　　　　　反共主義への移行 ……………………………………………79

第4章　1980〜90年代の南米で展開された
　　　　IMF「構造調整プログラム」と2000年代の反動 …………85
　　第1節　1980年代のサプライサイド・エコノミー …………………85
　　第2節　ラテンアメリカの構造調整プログラム ……………………87
　　　　（1）1970年代の資本流入期と1980年代の「失われた10年」　87
　　　　　①1970年代後半の資本流入　87
　　　　　②1980年代の債務危機　87
　　　　（2）IMFと世界銀行の経済イデオロギーの変化　88
　　　　（3）ワシントン・コンセンサス　89
　　第3節　アルゼンチンの「失われた10年」と1990年代の復活 ……90
　　　　（1）1980年代の累積債務問題　90
　　　　（2）メネム政権下での景気回復　91
　　　　（3）2001年から2002年の債務危機　92
　　　　（4）新自由主義に基づく改革の問題点　93
　　第4節　ボリビアの新自由主義改革 …………………………………94
　　　　（1）軍事政権から文民政権への移行と債務危機　94
　　　　（2）1985年からの経済改革とその結果　95

（3）1985年のボリビアの経済改革の意義　96
　　（4）ボリビアの水戦争　97
　　コラム 4.1　世界の水道の民営化と再民営化　98
　第5節　ペルーのネオリベラル改革 …………………………………99
　　（1）1970年代　99
　　（2）1980〜1985年　99
　　（3）1985〜1990年　100
　　（4）1990年のネオリベラル改革　101
　第6節　ベネズエラとエクアドルにおけるネオリベラル改革 ……102
　　（1）ベネズエラ　102
　　（2）エクアドル　103
　第7節　ラテンアメリカのインフレと社会保障改革 ………………104
　　（1）関税の引き下げ　104
　　（2）通貨切り下げ、インフレ、ドル化　104
　　（3）ラテンアメリカにおける公的年金の民営化　106
　第8節　2000年代の左派政権の成立 ………………………………108
　　（1）ベネズエラの左派政権　109
　　（2）アルゼンチンの左派政権（2003〜2015年）　110
　　（3）ボリビアのモラレス政権（2006年〜現在）　111
　　（4）エクアドルの左派政権（2007〜現在）　111
　第9節　2010年代中頃から南米の右傾化 …………………………112

第5章　親米傀儡政権樹立の課題と中米・カリブ海地域 ………115
　第1節　親米傀儡政権の樹立の課題 …………………………………116
　　（1）親米傀儡政権樹立の課題　116
　　（2）政権交代の失敗例　118
　　コラム 5.1　イラン 1953年のクーデターと1979年のイラン革命　119
　　（3）政権交代の成功例　122
　第2節　ハイチの米国支配の歴史と現代 ……………………………123
　　（1）ハイチの現状　123
　　（2）ハイチ革命　124

（3）アメリカによる占領時代とデュバリエ独裁政権時代　125
　（4）民主的な選挙の時代　126
　（5）2010年のハイチ大地震　127
第3節　中米における米国の軍事介入 …………………………………128
　（1）1980年代のニカラグアとエルサルバドルの内戦　128
　（2）ニカラグアのネオリベラル改革　130
　（3）2007年のオルテガの政権復帰　130
　（4）中米と麻薬　131
　（5）パナマ侵攻　131
　（6）2009年のホンジュラスのクーデター　132

第6章　グローバルに広がるネオリベラル改革
　　　——アフリカと南・東アジア …………………………………137
第1節　アフリカでの構造調整プログラム ……………………………138
　（1）アフリカ南部地域　138
　（2）エチオピアの飢餓と構造調整プログラム　141
　　①飢餓の本当の原因　141
　　②構造調整プログラムと農産物の生産と配分　142
　　③最近のエチオピア情勢　144
　（3）ルワンダの1994年虐殺事件と構造調整　145
　（4）ソマリアの飢餓と構造調整　148
　（5）IMF構造調整プログラム——アフリカでの結果——　149
第2節　アジアの新自由主義的改革 ……………………………………150
　（1）インドの綿花を遺伝子組み換え種（GMO）で席巻した
　　　モンサント　150
　（2）農民を自殺に追いやるモンサント種子　151
第3節　1997年のアジア通貨危機と韓国の経済改革 ………………153
　（1）1997年のアジア通貨危機　153
　（2）韓国のIMF危機　154
　（3）韓国のIMF不況と財閥解体　157
　（4）韓国商業銀行の外資による買収　158
　（5）朝鮮統一と自由市場　160

第7章　ロシアのネオリベラル経済改革とプーチン政権下の
　　　　大ロシア復活 ················163
　第1節　ソ連邦の解体とネオリベラル経済改革 ················163
　　（1）ゴルバチョフの改革　163
　　（2）エリツィンの経済改革　164
　　（3）バウチャーによる民営化（1992～94年）　166
　　（4）1993年10月のクーデター　168
　　（5）株のためのローンの民営化の時期（1995～97年）　169
　第2節　ウラジーミル・プーチンの新しいロシア ················171
　　（1）ウラジーミル・プーチンの登場　171
　　（2）プーチンのオルガルヒとの対決　171
　　　①ウラジーミル・グシンスキー　171
　　　②ボリス・ベレゾフスキー　172
　　　③ミハイル・ホドルコフスキー　173
　　（3）プーチン独裁的支配体制の確立　174
　第3節　ロシア男性の平均寿命 ················174
　第4節　ロシア正教の復活と地政学的課題 ················177
　　（1）ロシア正教の復活　177
　　（2）ボルシェビキ革命に対するプーチンの評価　177
　　（3）ロシア正教の特化　179
　　（4）プーチンの東方正教による地政学的情熱　179

第8章　米国の世界覇権と現代の地政学 ················183
　第1節　マッキンダーの地政学 ················184
　　（1）ハートランド理論　184
　　（2）第2次世界大戦後の地政学　186
　　（3）マッキンダーの地政学の影響　187
　第2節　ノルマンディー上陸作戦からドイツ無条件降伏 ················187
　第3節　ブレジンスキーの「グランド・チェスボード」 ················190
　　（1）イスラム過激派の育成　190
　　（2）地政学的ピボット（要衝）　190

（3）ユーラシア・バルカン　193
　（4）ハートランド支配　194
第4節　ロシアを囲むリムランドにおける紛争…………………………195
　（1）NATOの旧共産圏への拡大　195
　（2）EUの旧共産圏への拡大　197
　（3）ユーロ圏の拡大　199
　（4）NATOとEUの地域的拡大の地政学的意味　200
　（5）ウクライナ問題　201
　（6）ジョージア（グルジア）　203
　（7）カラー革命　204
　（8）ロシアの軍事力　205
第5節　イスラム対ユダヤ・キリスト教の宗教的対立………………206
　（1）イスラム帝国の領土拡大　207
　（2）オスマン帝国の領土縮小とバルカン化　208
　（3）イスラエルの建国の歴史　213
　（4）バルフォア宣言　214
　（5）第2次世界大戦前のイギリスの宥和政策　214
　（6）ナチス・ドイツによる迫害　215
　（7）イスラエル建国　215
　（8）アメリカはなぜイスラエルを支持するのか　217
　（9）イラン　218
　（10）イスラエルにおける天然ガス・石油資源の発見　219

結びに代えて ……………………………………………………………223

序　論

　1980年代からネオリベラリズムによる経済改革が世界中を席巻し、グローバリゼーションが世界中に波及した。本書は発展途上国を中心にIMF（International Monetary Fund, 国際通貨基金）と世界銀行（World Bank）によって推進されたネオリベラル改革の歴史を振り返りつつ、アメリカの世界覇権時代におけるグローバリゼーションの本質に迫ることを目的とする。

　アメリカの金融面での世界覇権は、第1次オイルショック以後、ペトロダラー・システムによって基軸通貨ドルの維持を果たしてきた。近年はペトロダラー・システムを揺るがそうとする動きも強まっている。また経済的グローバリゼーションが進行するなかで、同時に地政学的なリスクが高まっている。現代アメリカの地政学的戦略を考察し、今後のアメリカの世界支配がどう展開するのかを検討することも重要である。

　序章では、まず第1次グローバリゼーションと第2次グローバリゼーションの概略を比較する。イギリスが世界覇権を握っていた時代の自由貿易時代に、第1次グローバリゼーションが起こり、現在進行しているアメリカ中心のグローバリゼーションは、第2次グローバリゼーションにあたる。いずれのグローバリゼーションも、本質的には市場原理と自由貿易を主軸とした「経済的リベラリズム」の理論に依拠している。この点を踏まえて、2つのグローバリゼーションの進展を述べていく。

　1970年代から始まる金融の規制緩和に伴いつつ進展したアメリカ主導のネオリベラル改革を振り返りつつ、現代のグローバリゼーションを突き動かすダイナミズムの背景を探る。

第1節　ネオリベラリズム（新自由主義）

（1）経済的リベラリズムとしてのネオリベラリズム

　経済的リベラリズムとは、国家の介入を少なくする自由市場原理である。1980年代にケインズ主義に代わって勃興したネオリベラリズム（新自由主義）は、市場原理を信奉する点では、アダム・スミスに代表される古典派経済学と基本的には同じである。

　19世紀から20世紀の初頭にかけて、イギリスの経済学分野ではリベラリズムが支配的であった。政府の介入はやめるべきで、貿易障壁を撤去し、関税を撤廃する自由貿易が経済発展をもたらす最善の道である、と理論的に説明された。政府が介入しないという意味でリベラルであり、個人主義、企業の自由、自由競争が前提となった。このリベラルな経済学的イデオロギーが広まることによって、資本家は莫大な利益を得て、富を蓄積できた。

　1929年10月、米国ニューヨーク証券取引所で起こった株の大暴落をきっかけとして1930年代に大恐慌を迎えると、ジョン・メイナード・ケインズはリベラリズムが資本主義の最善の政策であるという経済理論に対抗した。ケインズ理論はローズベルト大統領のニュー・ディール政策に影響を与えた。第2次世界大戦後、ケインズ理論は政府が財政政策を通して有効需要を刺激し完全雇用を実現することを目標とした。

　しかし1970年代にオイルショックによる経済不況時代に突入すると、ケインズ理論の有効性が疑問視されるようになった。1980年代以降、ケインズ主義は退潮し、ケインズ主義に代わって、市場原理に基づく自由貿易、規制緩和、民営化を促進するネオリベラリズムが世界を席巻するようになった。ネオリベラリズムの典型的な経済学者は、フリードリッヒ・ハイエクやミルトン・フリードマンである。

（2）ネオリベラル経済改革

経済的グローバリゼーションのイデオロギーはシカゴ学派のネオリベラリズムに依拠していた。シカゴ学派の代表的経済学者はミルトン・フリードマンである。

彼の理論を盾として巨万の富を背景にグローバルな支配を一握りのエリートを中心に、グローバリストは自らの利益のために世界市場において自由貿易の促進と、公的な規制の撤廃を求めた。グローバルに展開する大企業にとってそのように有利な条件を醸成するために、アメリカに本拠地を置く大企業が中心となって、IMFや世界銀行、および世界貿易機関（World Trade Organization, WTO）などの国際機関を通して、各国に対して貿易・金融・財政・労働などのあらゆる分野でネオリベラルな構造改革を迫った。

1989年に口頭発表されたワシントン・コンセンサス（Willamson 1990）は、1980年代の債務危機に直面したラテンアメリカで、IMFあるいは世界銀行が景気回復の処方箋として勧告したネオリベラルな経済政策の骨子をまとめたものである。引き続き1990年代に旧社会主義圏を含め世界各地で、IMFあるいは世界銀行の融資条件として求められたネオリベラル経済改革も、このワシントン・コンセンサスに基づいていた。経済改革が実施された。

このような現代のネオリベラリズムによるグローバリゼーションを理解するうえでも、まず第1次グローバリゼーションを振り返る必要がある。

第2節　第1次グローバリゼーションの時代

（1）古典的リベラリズム

古典的リベラリズムは、アダム・スミスやデービット・リカードなどの古典派経済学者の理論に代表される（Irwin 1996）。

アダム・スミスは個人の自利心からの利益追求が「見えざる手」の働きによって社会全体においての効率性が達成されるとした。彼の『国富論』（1776

年)は自由貿易論の金字塔である。この理論はそれまでの保護貿易を支持する経済思想家の考え方を一転させ、一挙に自由貿易に賛成する方向に変えた。

デービット・リカードは1818年、比較生産費理論を発表した。彼はそれぞれの国が比較優位にある財の生産に特化すべきであると考えた。たとえば、資本が豊かなイギリスが資本集約的な製造業に特化し、労賃が安いインドのような国が労働集約的な農産物の生産に特化する。この2国が自由貿易を行うと双方に利益が生ずるという理論である。

イギリス帝国主義は、このような古典派経済学理論を根拠にして自由貿易を推進し、グローバルに経済的影響圏を拡張していった。特に植民地に対して、自由貿易理論と比較優位説を援用してイギリス製造業にとっての原料供給地、かつイギリス工業製品の消費地であることを強いた。

(2) 第1次グローバリゼーションの波

アダム・スミスなどの古典派経済学者の理論を背景に自由貿易は推進され、19世紀の後半からグローバリゼーションが進行していった。この時代にイギリスは世界覇権国であり、金本位制を基盤として、国際投資、国際貿易、労働力の国際移動が盛んとなり、イギリスが世界の工場と呼ばれた。この時代、イギリスからアメリカのみならず、ヨーロッパ諸国から南北アメリカや他の(旧)植民地へ、資本投資、輸出入、労働力の移動が活発となった。

古典派経済学者の理論を根拠として、イギリスは輸入制限により国内の穀物価格を高く維持してきた穀物法を1846年に撤廃した。また、49年には、貿易をイギリス船での輸送に限定する航海法を廃止した。これによりイギリスはこれまでの保護貿易政策から自由貿易政策へと大きく転換した。

イギリスは植民地のインドで、「自由貿易主義」や「自由放任主義(レッセフェール)」のイデオロギーをもって、インド政府の経済介入に対して反対圧力を強めた。インドはイギリスへ原料を輸出し、イギリスから工業製品を輸入する植民地として位置づけられ、そのためにイギリスはインドに低関税を強要した。しかしイギリスはインドの工業化を望まず、工業化のための補助金支出を阻止し、またイギリスは自国に有利な関税政策をとった。イギリ

スにとってインドはあくまでイギリスの工業の原料の生産地であり、工業製品の輸出先でなければならなかった。このように自由貿易理論もイギリスの産業資本に有利に用いられた。

　自由貿易体制はヨーロッパで1860年代半ばに成立した。しかしこの自由貿易体制は短命であった。1870年代、米国からの食糧輸入によってヨーロッパの農業は打撃を受け、ヨーロッパは不況となった。そのためヨーロッパ諸国は相次いで保護貿易政策に復帰した。イギリスだけがその後も自由貿易政策を貫いた。

（3）保護貿易主義と自由貿易主義の対立

　古典派の経済理論を批判し、保護貿易主義を支持したのは、ドイツのフリードリッヒ・リストであった。リストは保護貿易論者として最も有名である。彼は1841年に『政治経済学の国民的体系』を著し、そのなかで、歴史的分析を行い、帰納的に結論を導き出した。すなわち、国の経済発展段階にふさわしい通商政策を採用するべきであり、中所得国は高い輸入関税によって工業化を促進すべきである、と論じた。

　保護貿易主義の発展の歴史は、以下のとおりである。

　イギリスは「世界の工場」に発展する過程において、保護貿易政策を採用してきた。イギリスでは15世紀末頃から輸入代替政策により幼稚産業（infant industry）の保護・育成政策を始め、18世紀までには毛織物産業が輸出産業に成長した。イギリスは1820年頃まで工業製品にかなり高い関税をかけていた。リストが指摘したように、イギリスは幼稚産業の育成戦略に成功した最初の国であった。アメリカはこの戦略の熱心な追従者であった。

　アメリカでは初代財務長官（1789～95年）のアレクサンダー・ハミルトンが幼稚産業保護論を唱えた。フリードリッヒ・リストはアメリカ合衆国に亡命中（1825～30年）に、ハミルトンや他の幼稚産業保護論の著作に触れ、自由貿易論者から幼稚産業保護論者に転向した（1820年代のアメリカにおける工業製品関税の平均水準は40％であった）。アメリカのキャッチアップ期に、アメリカの知識人や政治家は、イギリス流の古典派経済学者が提唱した自由貿

易論を拒否した。アメリカにとってみればイギリス流の自由貿易理論は帝国主義にほかならず、アメリカに第1次産品輸出国の役割を担わせようとするものであった。よってアメリカは保護主義をとり自国の工業化を推進した。特に北部の工業の発展を期待する共和党員は、綿花をイギリスに輸出し自由貿易を支持している南部の民主党を、イギリス帝国主義に取り込まれたものとして非難したのである。

　米国で1861年に始まった南北戦争は、奴隷制をめぐって争われたが、真の争点は保護貿易か自由貿易かの対立であった。綿花栽培をする南部は自由貿易、工業化を促進したい北部は保護貿易を求めていた。南北戦争は北部の勝利に終わり、戦後、関税を引き上げ、その後アメリカの製造業はみごとに発展した。後に、そのアメリカの工業化の成功を見習って、ドイツ、ロシア、日本などが保護主義による工業化を遂げていった。

　ちなみに、日本は、黒船到来により1854年に開国を強いられ、1858年にはアメリカに「不平等条約」を締結させられた。開国して間もない日本は、「不平等条約」によって5％以上の関税が禁じられたため、関税による幼稚産業の育成・保護政策がとれなかった。1875年の時点で、日本の工業製品の関税は5％であったが、アメリカの工業製品の関税は50％にも及んでいた。

　アメリカは保護貿易で自国の工業を保護・育成したが、従属国には自由貿易を強いたのである。この点ではアメリカもイギリスも同じである。1911年、日本は関税自主権を回復し、それ以降、日本は関税による保護政策をとり、工業化を遂げていった。

　世界覇権国となったイギリスもアメリカも、最初は保護貿易政策を採用し自国の製造業を発達させた。自国の製造業が発展し世界覇権国になると、保護貿易よりも自由貿易のほうが有利になった。植民地や従属的な諸国に対して、自国にとって有利な自由貿易を強いるように変わった。リストが述べたように、発展途上国に対して、「はしごを外し」、蹴落としたのである（Chang 2003）。自由主義的帝国主義的欺瞞である。

(4) イギリス帝国の衰退

　1870年代まで「世界の工場」の地位を保持してきたイギリスであるが、それ以降相対的に地位を低下させ始めた。保護貿易政策を採用してきた米国やドイツなどで工業が発達し、イギリスに対抗するようになったからである。イギリス国内では製造業が不況となり、失業者が増加した。1880年代までにはイギリス国内で自由貿易に反対する運動も始まった。しかし他国が保護貿易政策をとるなか、イギリスは自由貿易主義を19世紀末から1930年代初頭まで堅持し続けた。イギリスが関税を大幅に引き上げたのは1932年であった。これにより自由貿易時代は終わった。

　イギリスが自国の製造業が相対的に衰退してもなお自由貿易に執着した理由は、自由な通商と自由な海外投資を求める工業家、商人、投資家の利害による。しかし決定的に重要だったのは、ロンドン金融界の意向であった。20世紀初頭の10年間までには、ロンドンのシティにおける富の源泉はもはや製造業ではなくなっていた。シティの富は、グローバルに統合された開放的で動的な金融システムに依存していた。地理的に限定されたイギリス国境内において貿易収支が赤字でも、国境を越えた多角的貿易による多角的決済機構によって、イギリス帝国は黒字であった（毛利 1978）。

　第1次グローバリゼーションの波は、第1次世界大戦が始まる1914年にピークに達した。第1次世界大戦、1930年代の大恐慌、そして第2次世界大戦に至り、第1次グローバリゼーションの波は退潮の一途を辿った。

第3節　第2次グローバリゼーションの時代

（1）脱グローバリゼーションの時代

　1930年代の大恐慌時代に、世界貿易量、国際投資、そして移民も激減した。第1次グローバリゼーションは大きく後退した。アメリカでは、第1次大戦後の不況期から移民制限が開始され、大恐慌期には金融規制が強化された。

大恐慌期には連邦政府は公共投資によって景気を浮揚させようとする介入的な政策を行った。つまり経済的リベラリズムとは対照的なケインズ主義的経済政策が実施されたのである。規制強化と公的介入がグローバリゼーションの退潮期の特徴的な政策となった。アメリカの国別移民制限は1965年まで続き、移民の流入は大幅に減少した。

　アメリカでは1920年代まで所得格差が拡大していたのが、大恐慌により1930年代には縮小に転じた。所得格差が縮小した理由は、大恐慌を教訓として、1933年の銀行業と証券業の分離を求めたグラス・スティーガル法などにより金融規制が強化されたことが大きな要因である。これにより金融業界がリスキーな金融取引で多額の利益を得ることができにくくなった。その他、累進課税の最高税率の引き上げや、労働組合の賃金交渉力が比較的強かったことなども関係している。これらの要因のために、1940年代から1960年代までの期間において、アメリカの所得格差は相対的に縮小していた。

　第2次世界大戦中の1944年7月、米国ニューハンプシャー州ブレトン・ウッズにおいて連合国45ヵ国が参加して行われた会議では、ケインズが中心となって、1930年代の世界恐慌の一因となった金融政策の失敗を繰り返さないために国際協力の枠組みがつくられた。1945年に発効したこのブレトン・ウッズ体制では、ドルは金とリンクし、固定相場制で、資本の国際移動は制限されていた。リスクを伴う投機的な金融活動も厳格に規制されていたため、金融セクターの利潤率は低かった。ブレトン・ウッズ体制は、ニクソン大統領がドルの金兌換を停止する1971年8月まで続いた（ドル・ショック）。

　このブレトン・ウッズ体制下では、資本移動は著しく制限されていたが、現在のグローバル経済よりも安定しており、国債が破綻する国も少なかった（Reinhart and Rogoff 2009, figure 10.1）。大恐慌時代からブレトン・ウッズ体制時代までは、「脱グローバリゼーションの時代」とも呼べる。

　前述したように第2次世界大戦中に行われたブレトン・ウッズ会議で確認・設立されたものに国際復興開発銀行（IBRD）、のちの世界銀行とIMFがある。IMFは各国の金融政策を調整し、為替の安定を維持する目的で設立された。国際収支が悪化した国に一時的に資金援助することも含まれた。一方、世界

銀行は戦後復興のために開発プロジェクトに資金を貸付けた。日本も世界銀行からの融資を受けた。それにより東海道新幹線が建設されたことはよく知られている。東海道新幹線が開通し、東京オリンピックが開催された1964年4月、日本はIMF8条国に移行し、OECDにも加盟することになった。世界銀行から日本への融資は1966年まで続いた。1960年代頃までは世界銀行は貧しい国の金融や開発を援助し、その結果、世界の経済格差の縮小傾向が見られた時代であった。

（2）第2次グローバリゼーションの波

次のグローバリゼーションの波が押し寄せるのは、1970年代にアメリカで金融の規制緩和が徐々に始まっていく頃からである。金融の規制緩和の加速とともに、アメリカの銀行の海外展開も加速し、経済のグローバリゼーションが進行した。アメリカの製造業は1950年代がピークで、その後国際競争力は弱まり、1970年代以降は海外移転する工場が増加し、国内では脱工業化していった。アメリカの銀行が国内に立地する製造業に貸付けをしなくなったのも脱工業化の原因の一つであった（Bluestone and Harrison 1982）。

アメリカの大統領はウォール街のエリート銀行家と直接関係をもってきた（Prins 2014）。ウォール街の銀行は、より利益を高めることができるように、金融の規制緩和を連邦政府に求めるロビー活動を展開してきた。

1999年に金融資本は、大恐慌を二度と起こさないために制定された銀行と証券を分離するグラス・スティーガル法（1933年）を撤廃するのに成功した。それによって金融の規制緩和が行われた。規制緩和が進展すればするほど、金融部門の利潤率もより上昇した。金融の規制緩和を通して（サブプライム危機に典型的に表れたように）、リスクの高い金融商品の販売によって金融機関は高収益を得た。2007年までには金融部門の利潤は他の部門を合わせた利益の総計の40％を超えるほどのシェアに達した。GM（General Motors, ジェネラル・モーターズ）やGE（General Electric Company, ジェネラル・エレクトリック）などのかつて製造業で知られた大企業も、最近ではもはや製造業ではなく金融業が中心となった。金融セクターの利益率が上昇するほど、アメ

リカ国民の所得格差は拡大した。

アメリカ国内で金融規制緩和が進むと同時に、国際金融資本はグローバルに支配圏を広げた。グローバリゼーションに伴い発展途上国でネオリベラル改革を推進したのは、IMFや世界銀行の融資国に勧告した「構造調整プログラム」であった。

（3）1970年代におけるIMFの役割変化

1973年10月、第4次中東戦争を契機にオイルショックが起こった。石油の高騰によって、石油産油国の経常収支の黒字は急増し、欧米工業国や石油資源のない発展途上国の経常収支は大幅な赤字に転落した。一方、米国の民間銀行は産油国が預金したペトロ・ダラーを経済が脆弱な発展途上の石油輸入国に貸付けた。世界各国の対外収支の大幅な変化に対して、IMFは設置目的を見失っていた。

イラン革命を契機に起こった1979年1月の第2次オイルショックによって、石油価格はさらに高騰した。さらにアメリカの高金利政策が重なって、1982年にはメキシコを皮切りに、債務危機に陥った諸国が続出し、その後、ラテンアメリカやアフリカなどの発展途上国は債務危機に直面した。

1982年以降、IMFの中心的な役割は、国際的な金融危機に対応する任務に変化した。債務危機に陥った諸国を救済するためと称し、その融資する条件として、マクロ経済的調整政策を課する国際金融機関と様変わりした。経済学の主流もネオリベラリズムに転換し、IMFはそのイデオロギーを反映した経済構造改革を推進した。

（4）1980年代から変化したIMFと世界銀行の政策

IMFと世界銀行が1980年代後半から融資条件として課した構造調整プログラムと呼ばれるネオリベラル経済政策は、貧しい国に対して経済発展をもたらす戦略というよりも、むしろその変革のプロセスで経済危機と困窮をもたらす「ショック療法」であった。ワシントン・コンセンサスはジョゼフ・スティグリッツやナオミ・クラインなどによって激しく批判された。本書で

はスティグリッツやクラインの著作を参考にしつつ、ラテンアメリカ諸国におけるいくつかの国のネオリベラル経済改革に遡及して考察を行う。

　1973年にクーデターで成立したチリのピノチェト政権下で、シカゴ大学のフリードマン教授を師とする同大学出身者の「シカゴ・ボーイズ」と呼ばれるエコノミストらによって、ネオリベラル経済改革の社会実験が世界で初めて本格的に行われた。その後、同様な改革がボリビア、アルゼンチンなど、多くの債務危機に陥ったラテンアメリカ諸国で実施された。

第4節　アメリカの政治を動かす巨大企業

（1）グローバル企業

　グローバリゼーションを推進してきたのは、アメリカを拠点とするグローバルな多国籍企業である。より具体的には、国際金融資本や「軍産複合体」やその他の巨大企業である。

　国際金融資本はアメリカの政治を動かし、金融の規制緩和の法制度を導入してきた。ディリバティブ取引など、リスクがあるが高収益をもたらす金融商品を開発し、生産性を高めた。金融の規制緩和はグローバルに及び、国際金融資本の空間的な支配圏が拡大した。

　「軍産複合体（military-industrial complex）」は、アイゼンハワー大統領が、1961年1月17日、退任演説で用いた用語である。彼はアメリカ国民に、第2次世界大戦が終わっても、衰えない軍事産業の影響力を憂い、経済的、政治的、そして精神的にさえも、大きな影響力をもつ「軍産複合体」によって、アメリカの自由と民主主義的政治過程が危険にさらされかねない脅威を訴えた。大学などの研究施設に、軍事費として研究費が投入され、さまざまな技術革新が行われ、アメリカの多くのハイテク産業は、軍産複合体と関連して発展してきた経緯がある。また、軍産複合体は自国ばかりでなく、外国にも武器を販売して利益を得ようとするものである。

　アメリカを拠点とするグローバル企業には、本社の名義上の住所をタック

ス・ヘイブンに移転して、アメリカ政府に税金を納めない企業が多い。しかし、納税していなくてもこれらの企業はアメリカを本拠地として活動し、アメリカの政府を動かし、補助金を獲得し、グローバル支配を成し遂げようとしている。

　企業資本主義（corporate capitalism）と呼ばれるように、大企業が経済力を背景に政府や議員を実質的に動かし、国民のための民主主義的な政治が行われにくくなっていることがネオリベラリズム時代における重大な危機的問題点となっている。

（２）トランプ政権への期待と今後のグローバリゼーション

　2017年1月に就任した共和党のトランプ大統領は、北米自由貿易条約（NAFTA）を批判した。NAFTAは1992年12月にビル・クリントン大統領が批准したカナダ、米国、メキシコの3ヵ国間の自由貿易協定である。この自由貿易協定は1994年1月に発効した。それ以降、アメリカの製造業がよりメキシコやカナダに移転したことから、トランプ大統領は就任以来、「アメリカを再び偉大にする」という選挙戦で繰り返された公約を実現するため、海外に移転した製造業を国内に戻す政策的努力を続けている。

　トランプ大統領は公約通り、大統領に就任するとすぐに環太平洋パートナーシップ協定（TPP）から離脱する大統領令に署名した。自由貿易によって、これ以上アメリカの雇用が奪われるのを防ぐのが最大の目的である。トランプ大統領は、経済的グローバリゼーションに反対し、アメリカの経済の発展、雇用の増大、そして不法移民の流入をコントロールすることで、犯罪やテロの危険から国民の安全を守ろうとしている。トランプは国境をなくそうとするグローバリストではなく、国境にしっかりとした壁を立て、アメリカの建国以来の伝統を尊重するナショナリストである。

（３）グローバリゼーションに伴う戦争のリスク

　演繹的な推論では、グローバリゼーションは、国境をなくし、物、金、人が自由に移動する空間が、文字通り全地球規模で拡大することであり、理論

的には最終的に均一な社会になるはずである。ところが、現実に進行中のグローバリゼーションは、格差が拡大する方向に向かっている。しかも経済的グローバリゼーションによって、世界が平和になるのではなく、むしろ戦争のリスクが高まっている（トッド・他 2014）。実際、第1次グローバリゼーションは、1914年にピークに達し、第1次世界大戦、世界大恐慌、第2次世界大戦の連鎖で終わった。

　アメリカでは、前任のオバマ大統領や、ビル・クリントンとヒラリー・クリントンの路線は、経済的グローバリゼーションを推進し、政治的・軍事的にもアメリカ世界覇権を実現するために、世界機関を通してグローバリストのアジェンダを実行しようとしてきた。グローバリゼーションが進展すればするほど、その帝国主義的性格から戦争のリスクも高まっていく可能性が高いのである。第2次グローバリゼーションの帰結も、世界覇権国アメリカの地政学的戦略と密接に関連していると考えられる。

（4）本書の構成

　本書の構成は、以下のとおりである。
　第1章では、ブレトン・ウッズ体制が崩壊して以降、世界の金融システムは、覇権国アメリカを維持するためのペトロダラー・システムによって支えられてきたが、2000年以降、ペトロダラー・システムを揺らがせる動きもあることを検討する。
　第2章から第5章までは、ラテンアメリカに焦点を当てた。1980年代頃からアメリカ世界覇権のもとで顕著に進行したグローバリゼーションの本質を考察するためにも、アメリカの「裏庭」と位置づけられて生きたラテンアメリカが、ネオリベラル経済改革を含め、いかにアメリカに収奪・略奪されてきたかの歴史を理解することが重要である。ネオリベラリズムと呼ばれるイデオロギーは、決して最近のものではない。というのも、このイデオロギーの下での経済的支配メカニズムは、古くから帝国主義的植民地主義にみられるグローバル企業の経済的支配メカニズムに共通点を見出せるからである。
　第2章ではアメリカに支配されてきたラテンアメリカの歴史を概観し、特

に「バナナ・リパブリック」と呼ばれたグアテマラのクーデターと、その後のアメリカ支配下に置かれた国での弾圧を述べ、第3章では1970年代のチリで始まったネオリベラリズム改革の実験を中心に論じ、第4章では1980年代のラテンアメリカ諸国のネオリベラル改革のいくつかの事例とその後を論ずる。

　第5章では、アメリカは他国の政治に介入して、親米独裁傀儡政権を樹立し、その政権交代に成功する場合と失敗する場合とがあることを論ずる。1953年のイランや、1954年のグアテマラで、アメリカ中央情報局（CIA）が秘密工作によってクーデターを起こし、民主的に選挙で選ばれた大統領を打倒し、親米傀儡政権へ政権交代させた。アメリカは植民地をもたない初めての世界覇権国であるが、実質的に属国化する術を心得ているのである。そして政治的・経済的にアメリカ支配下に置かれてきたハイチの歴史を紐解いた。

　第6章ではアフリカと南・東アジアの一部の諸国のネオリベラル改革の事例を取り上げる。アフリカではエチオピア、ルワンダなどの事例、アジアではインドや韓国の事例を取り上げた。アメリカの覇権の経済的グローバリゼーションは、軍事的・政治的グローバリゼーションと密接に関係して進行していることが明らかとなった。たとえば、1990年代のエチオピアの飢餓や、1994年のルワンダの大量虐殺事件の背景には、IMFや世界銀行によって勧告されたネオリベラル改革があり、しかもアメリカの軍事的な思惑もあった。

　第7章は、ソ連の崩壊とロシアのネオリベラル改革、そしてその後のプーチンによる政治を考察する。

　第8章では、冷戦以降のアメリカの地政学的戦略が、かつてのイギリスの地政学的戦略であったハートランド理論に基本的に倣っていることを論ずる。アメリカのグローバルな地政学的構想に基づき、アメリカは世界的支配を完成しようとしている。経済的グローバリゼーションが、軍事的・政治的グローバリゼーションと密接に関連しながら進行していることに注意を喚起したい。

【注】

1 「リベラル」は、時代により、国により、学問分野により、定義が異なっているので注意を要する。アメリカでは政治的リベラリズムは、経済的リベラリズムとは意味が違って使われている。20世紀初頭頃からアメリカでは、福祉国家をめざす進歩主義的なイデオロギーが「リベラル」と呼ばれるようになった。大恐慌期にニュー・ディール政策を実施したローズベルト大統領は、政府介入的で、公共事業を増大し、労働組合を擁護し、福祉国家を実現する自らの政策を「リベラル」と表現した。この政治的リベラリズムでは、市場原理を原則とし、小さい政府を意味する経済的リベラルと意味が逆転した。「リベラル」という用語は、どのような文脈で使われているのか、注意深く吟味して意味を解釈しなければならないが、本稿では経済的リベラリズムに限定して使用している。

【文献】

Bluestone, Barry and Bennett Harrison (1982) The deindustrialization of America, Basic Books.（ブルーストーン, B., ハリソン, B. 共著, 中村定訳『アメリカの崩壊』日本コンサルタント・グループ, 1984年）

Chang, Ha-Joon (2003) Kiching away the ladder: Development strategy in historical perspective, Anthem Press.（ハジュン・チャン著、横川信治監訳『はしごを外せ―蹴落とされる発展途上国』日本評論社, 2009年）

Prins, Nomi (2014) All the presidents's bankers: the hidden alliances that drive American power, Stuart Agency.（ノミ・プリンス著『大統領を操るバンカーたち――秘められた蜜月の100年――』（上・下）早川書房, 2016年）

Reinhart, Carmen M., and Kenneth S. Rogoff (2009) This time is different: Eight centuries of financial folly, Princeton University Press.（カーメン・M・ラインハート, ケネス・S・ロゴフ共著, 村井章子訳『国家は破綻する―金危機の800年―』日経BP社, 2011年）

Irwin, Douglas A. (1996) Agaist the tide: an intellectual history of free trade, Princeton University Press.（ダグラス・A・アーウィン, 小島清監修『自由貿易理論史―潮流に抗して―』文眞堂, 1999年）

Williamson, John (ed.) (1990) Latin American adjustment: How much has happened, Institute for International Economics.

トッド, エマニュエル, ハジュン・チャン, 柴山桂太, 中野剛志, 藤井聡, 堀茂樹 (2014)『グローバリズムが世界を滅ぼす』文藝春秋

毛利健三 (1978)『自由貿易帝国主義』東大出版会

第1章　ペトロダラー・システム

　イギリス世界覇権の時代には、金本位制に基づく安定した為替制度の下で、国際投資と貿易が盛んとなりグローバリゼーションが進展した。アメリカ世界覇権の時代には、ペトロダラー・システムとよばれる基軸通貨ドルの優位性の下で、グローバリゼーションが進展した。アメリカ世界覇権が今後どうなるのかも、このペトロダラー・システムが維持されるかにかかっている。アメリカが中東の石油を支配することは、地政学的な意味でも重要である。

第1節　ペトロダラー・システムの確立

（1）ブレトン・ウッズ体制

　第2次世界大戦中の1944年7月に、連合国45ヵ国が参加して、アメリカ合衆国のニューハンプシャー州ブレトン・ウッズで通貨金融会議が開かれ、この会議でIMF、国際復興開発銀行（IBRD、のちに世界銀行と改組）設立が締結された。会議がブレトン・ウッズで開かれたことで、「ブレトン・ウッズ体制」と呼ばれるようになった。同時に、この会議では、ドルを世界の基軸通貨（金1オンスを35USドルと定める）とし、そのドルに対し各国通貨の交換比率を定めた（固定相場制）。
　第2次世界大戦後の世界秩序を形づくることになったブレトン・ウッズ体制であったが、1960年代末、ベトナム戦争で疲弊したアメリカ経済は、もはや金1オンスを35USドルで交換するという体制を維持できなくなってしまった。そこで、ドルと金との交換（兌換）をとりやめ、ブレトン・ウッズ体制と決別した。ドル紙幣の増刷が続けられるようになり、ドルの通貨量が増

加することによってインフレが亢進していった。

　こうしてブレトン・ウッズ体制は、1971年12月のスミソニアン協定をもって終わりをみせ、1973年の変動相場制への移行をもって完全に終わりを告げた。ドルと金との兌換停止をもって役目を終えたブレトン・ウッズ体制ではあるが、国際基軸通貨としてのドルという面目は維持することができた。その後、自国の経済成長を可能にするために、編み出されたのが「ペトロダラー・システム」である。

（2）1971年のニクソン・ショック

　「ペトロダラー・システム（Petrodollar-system）」とは、「オイル・マネー（オイル・ダラー）」とも呼ばれ、石油の取引通貨をドルに限定する制度のことである。1973年秋に勃発した第4次中東戦争を機に始まった第1次石油ショックの教訓をもとに、米国によって1970年代中頃に構築された。

　ペトロダラー・システムはオイル・マネーが自動的にアメリカの国債や他の投資に還流するシステムであり、このシステムを構築することにより、いくらアメリカの対外債務が増大しても、海外から投資マネーがドルとしてふんだんに還流する仕組みを維持することができるようになった。

　では、なぜこうした石油をめぐっての還流システムを、米国は必要としたのであろうか。

　1960年代に入って、米国はフランスの後を継いでインドシナ（ベトナム）に深く関与していく。そこには、中国革命の成功をみて、アジア、東南アジア諸国がドミノ倒しのように共産化するのではないか（ドミノ理論）という米国政府の恐怖があった。

　当時、南北に分断されていたベトナムであるが、南ベトナム解放をめぐって北ベトナムを後ろ盾とする南ベトナム解放民族戦線と南ベトナム政府軍が戦闘状態であったが、戦闘が激しくなり、本格的に米軍の介入が模索されていた。1964年8月、トンキン湾を巡視中の米海軍艦艇が北ベトナムによって攻撃を受けたとの理由で（後にでっち上げと判明）、米国は北ベトナムへの爆撃（北爆）を開始した。以後、最大50万もの兵力を投入しての泥沼の戦争に

入っていくことになる。

　ベトナム戦争に介入の度を深めていった米国は、莫大な戦費を抱え、その戦費の捻出等が難しくなっていくなかで、経済力も相対的に低下していき、それまでのブレトン・ウッズ体制のもとでドルを基軸とした金兌換制度が維持できなくなっていった。IMF体制が揺らぎ、1969年には苦肉の策としてSDR（特別引き出し権）の発行をもって危機を乗り切ろうとしたが、それでも危機を越えられず、1971年8月15日のドルの交換停止を発表するニクソン声明を迎えることとなった。

（3）1973年の第1次オイルショックとペトロダラー

　中東では1973年10月、ユダヤ教の大祭日であるヨムキプールに、第4次中東戦争が勃発した。これを受け、OPEC（石油輸出国機構）加盟のペルシャ湾沿岸の産油国6ヵ国が原油価格の値上げを発表した。その翌日には、イスラエルを支援した米国などに対抗するためにOAPEC（アラブ石油輸出国機構）が石油を戦略物資として減産するという手段に出た。そのため原油価格が高騰（翌年3月まで続き、この間に石油価格は400％も急騰）する。

　そこで、米国はサウジアラビアを懐柔するため、当時、国務長官であったキッシンジャーをサウジアラビアへ送り交渉にあたらせた。そこで、米国はサウジアラビアに武器等を供与することを提案し、その見返りとしてサウジアラビアは、石油の輸出代金を不換紙幣（正貨である金や銀との兌換が保障されていない紙幣）であるドルで決済し、運用の当てのない余ったドルはアメリカの銀行に預金し、一部は米国債に投資するという内容で、1976年に両国間で合意を見た。これがペトロダラーの始まりである。

　この当時は東西冷戦下であり、ソ連がアラブ諸国の王制を打倒させるためのクーデターに資金を出す恐れもあった。アメリカはアラブ産油国の安全保障と経済的な利益を保障するという条件で、原油の取引通貨を米ドルとする交渉を行った。OPEC諸国はもともと石油の販売は通貨バスケット制（ドル、円、マルク）への移行を望んでいたが、ニクソン大統領やキッシンジャー国務長官がサウジアラビアに飛び、これらの提案を交渉で潰した。サウジアラ

ビア王家は石油の取引通貨をドルにすることによって、アメリカから友好的な扱いを受けることができ、1974年には米国債を25億ドル購入した。

しかし、サウジアラビアは反米意識の強いイスラム教の国である。サウジアラビアにはイスラムの聖地メッカがある。こうして米国とサウジアラビアとの間で交わされた交渉内容は、CIAのトップシークレットとして扱われることとなった。1978年には、アメリカはOPECの通貨バスケット制移行の提案を完全に退け、その見返りとして、サウジアラビア王族のIMFでの投票権を350％も増大させたのである。

1978年末、OPECが翌79年より4段階に分けて値上げすると発表。石油価格が再び上昇し、そこへ1979年1月、イランで亡命していたホメイニが帰国し、イラン革命が勃発。ホメイニは石油の輸出を止め、OPECも同調した。さらに原油価格が上昇した。いわゆる第2次石油ショックの到来である。

その後、イスラム教シーア派（イラン）とスンニ派（イラク）との宗派対立も背景としたイラン・イラク戦争が勃発し、長期にわたり消耗戦を続けたため、両国の国力は疲弊した。

（4）ペトロダラー・システムによるドル資金の還流

産油国には、石油を輸出することによって莫大なドルが蓄積され、一方、石油輸入国は、石油輸入代金はドルで行われるため、ドルを獲得する必要があった。また、当時アメリカは毎年約8,000億ドルの経常収支の赤字を出し続けていた。しかし、ペトロダラー・システムが機能していれば、毎年、自動的に1兆8,000億ドルのドル需要がある。しかも最近まで、石油の需要は毎年2％の率で増加していた。まさにドル紙幣を刷るだけで、アメリカに資金が還流（recycle）する仕組みである。ペトロダラー・リサイクル（Petrodollar recycling）・システムとも言われる所以である。

アメリカの経常収支の赤字8,050億ドルの約半分は、このようにペトロダラー・システムによって支えられてきた。日本や中国の貿易黒字国（日本は最近、貿易赤字国に転じた）はペトロダラーによって米国債を購入し、アメリカの赤字を補塡している。ある研究者によると、アメリカの経常収支の赤字

の45％は、ペトロダラーが還流して支えているという。

（5）2003年のイラン攻撃の背景

1999年1月、EU加盟国にユーロが導入された。アメリカにとって、OPECが基軸通貨をドルからユーロに変更するというシナリオは最大の悪夢である。しかし、ペトロダラー・システムの下では、アメリカは為替相場変動リスクがなく石油を購入することができる。たとえば、2000年9月、アメリカではガソリン価格は10〜12％上昇しただけであったが、ユーロの為替相場が下落していたので、ヨーロッパではガソリン価格は35％以上も上昇し、社会的な危機を生んだ。

このとき、1ユーロは0.82ドルであったが、さらにその後ドルに対してユーロは下落し続けた。高騰するガソリン価格問題を解決するために、ヨーロッパはユーロ建ての石油輸入を提案し始めた。

そんな矢先、2001年9月11日に、テロリストにハイジャックされた旅客機がニューヨークの世界貿易センタービルに突入し倒壊するという事件が起きた。そのテロの首謀者とされるオサマ・ビンラディンやテロリストたちの多くはサウジアラビアの出身であった。事件後、ブッシュ米大統領などが、アルカイダを匿っているとしてアフガニスタンを空爆、そして、2003年3月、ブッシュ大統領は国連決議を経てイラク攻撃を開始した（主犯格と目したイラクのサダム・フセインやアフガニスタンのアルカイダは何も関係がなかった）。

しかし、その後、攻撃の理由とされたイラクによる「大量破壊兵器の秘匿」は、400人もの国連検査官の調査にもかかわらず、実際には発見されなかった。この戦争の大義名分が根拠のないものであったということが国際的にも明確になり、アメリカ国民の間にも政府への落胆と不信感が強まっていった。

ところで、ブッシュ大統領がイラクのサダム・フセイン大統領を叩いた本当の理由は、石油確保と石油の取引通貨問題だと言われている。サダム・フセイン大統領は、2000年9月、石油取引通貨をドルからユーロに変更すると発言し、11月には変更していたのである。

2003年3月、前述したように大量破壊兵器をイラク・フセイン政権は秘匿

しているとの理由づけで米国を中心とする有志連合国（イギリス、オーストラリアなど）がイラクへ侵攻し、3ヵ月後の5月にはバグダッドを制圧、ブッシュ米大統領は空母エブラハム・リンカーンの艦上で「大規模戦闘終結」宣言を出した。

そして、アメリカはイラクを占領するやいなや、イラクの石油輸出通貨をドルに復帰させたのである。この時期は、ユーロに対してドルが低下していたので、イラクはユーロ高のお陰で利益を上げていた。アメリカのネオコン（Neoconservatism, 新保守主義）[4]は中東石油支配とドル覇権の維持を目論んでいたのである。驚くべきことに、この詳細をアメリカの情報の90％を支配する5大メディア複合企業[5]は、決して報道していない。

2002年以降、低金利にもかかわらず石油価格が高騰し続けた。石油価格上昇は海外の銀行によるドル残高を増加させた。外国人投資家（中央銀行も含む）が保有する米国債や株の総額は、2002年には4兆ドルであったが、2006年には6兆6,000億ドルの額に達した。この数字は石油価格の上昇が、いかにアメリカ経済に投資の好循環を生み出すかを示すものである。

第2節　ペトロダラー・システムはいつ崩壊するか

（1）リーマン・ショックと原油価格の高騰と暴落

2008年9月15日、その後の金融危機を誘発することになるサブプライムローンに端を発するリーマン・ショックが起きた。その直前7月には、原油価格は、1バレル140ドルまでに達していたのである。しかし、このリーマン・ショックを境に原油価格の暴落が始まり、3ヵ月後の12月には50ドルを切った。1年半かけて80ドル上昇したものが、半年で90ドル以上も急落した。一時、1バレル50ドルを切ったこともあった。

2009年に入ると原油価格は再び回復し始め、2010年12月には80ドルまで回復した。2011年末から再び高騰が始まり、4月には110ドルに達した。2011年をピークとして、原油価格ばかりでなく、金・銀、穀物価格もピークに達

した。

　少なくとも2007〜2008年ごろは、「ピーク・オイル」説がマスコミで盛んに喧伝されていた。2010年頃、イラクやサウジアラビアの原油の埋蔵量が枯渇し始め、2010〜2015年の間に世界の石油生産はピークに達し、原油生産が頭打ちになるとグローバルな危機が叫ばれた。石油の埋蔵量に関しては諸説あるうえ、アメリカにはまだ開発されていない油田がある（実際、トランプ大統領はアラスカ原野の石油開発を目論んでいる）。メディアが危機を煽る場合もある。

（２）2014年以降の原油価格の暴落の背景

　原油価格は2011年のピーク以降、低下し始めた。しかし2014年の半ばまでは、90〜100ドルで推移した。ところが、原油価格は2014年の後半に暴落する。この2014年後半に起きた原油の暴落により、ロシアをはじめとして、石油輸出に依存する国家が打撃を受けた。この原油安の背景には何があるのであろうか。

　米国連邦準備制度理事会（FRB）が、2009年のリーマン・ショック以降、3回にわたって国債やMBSを購入する量的緩和（Quantitative Easing, 略してQE）政策を続けてきた。量的緩和第3弾（QE3）は、2014年1月からテーパリングと呼ばれる購入額の漸次減少を開始し、10月には終了した。

　QEによって原油、金・銀、穀物などの価格が投機によって高騰する傾向があった。したがって、QEの終了は原油価格を引き下げる要因の一つとなったと考えられる。

　2014年後半から始まった原油価格暴落のそれ以外の要因として、この年の2月に起きたクリミア半島の帰属をめぐって始まった親ロシア派と反ロシア派住民の対立よるウクライナ問題があげられる。原油価格暴落の始まる時期は、ロシアがクリミアを編入し、西側諸国がロシアに経済制裁を始めた時期と一致している。原油価格の暴落とともにロシア通貨のルーブルの為替相場も同様に下落した。

　また、2010年12月から始まった「アラブの春」以降、中東情勢は混乱を続

け、シリアも反アサド勢力がアサド政府打倒を掲げ内戦状態となっていた。そうした情勢のなか、ロシアはシリアのアサド政権を支援していた。シリア内戦が混乱の度を深めていくなか、ロシアは2015年9月、ロシア軍を投入し、反政府反乱軍やISIS（Islamic State of Iraq and Syria, イスラム国）に対して激しい空爆を開始した。

ロシア経済に打撃を与えるために、アメリカやサウジアラビアが石油生産を増産させて、原油価格を低下させたという説も流れた。

（3）ソ連・ロシア経済と原油価格の変動

ロシア経済は原油価格の変動によって大きく影響を受ける。ロシアの主要な輸出品は石油・ガスであるために、これまでにも国際的な原油価格下落のたびに、ロシア経済は大きな打撃を受けてきた（図1－1）。

たとえば、第2次石油ショック後の1980年代初頭に、石油価格は高騰から一転して暴落に転じた。それ以降石油価格は長期間低迷した。この時代に、ソ連経済は徐々に疲弊した。

特にゴルバチョフ大統領の時代（1985～1991年）は原油価格が極端に低かった。このことも一因となって、ついに1991年12月、ソ連の崩壊に至った（ベルリンの壁崩壊は1989年11月9日）。1998年には、1997年のアジア通貨危機の影響で石油需要が減って、さらに原油価格が下落し、ロシアでは8月に国債破綻およびルーブル危機が発生した。

エリツィン大統領の辞任（1999年）により大統領代行の座に就いたのが現ロシア大統領のプーチンである。プーチン大統領の最初の政権期間である1999～2008年（第1次）は、幸いなことに原油価格が上昇していた時期であった。プーチン政権の政策も功を奏し、ロシア経済は着実に成長していった。国内で続くチェチェンなど民族対立問題が起こり、2008年にはグルジア紛争が勃発した。またリーマン・ショックに端を発する金融危機が起こり、原油価格は暴落した。大統領職は2期連続しか務めることができないため、次にメドヴェージェフが大統領となり、プーチンは首相の座に就いた。

その後、2012年にプーチンは再び大統領の座に就いた。この時期には、原

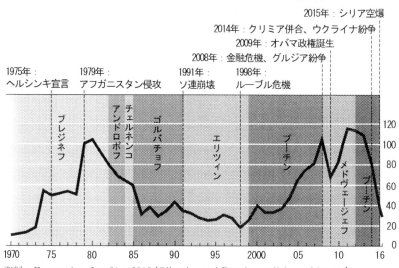

図1－1　原油価格の変動とソ連・ロシアの政権交代

資料：Economist, Jan 21st 2016, 'Oil price and Russian politics: a history'.

油価格は1バレル100ドルを超え、高い原油価格がロシア経済の再生に寄与した。ところが2014年7月頃から原油価格が下落し始め、プーチン大統領は、2014年10月に「原油価格が1バレル80ドルになると世界経済が崩壊する」と予言的な発言をした。

当時、ロシアの国家予算は1バレル96ドルを想定して予算を立てていた。ロシアの石油生産コストは、中東諸国と比べると高く、損益分岐点が1バレル約80ドルである。ちなみに、近年採掘技術の進歩により、採掘可能となったアメリカのシェールガスの損益分岐点も1バレル約80ドルである。

それに対し、サウジアラビア、イラク、イランなどの湾岸諸国の損益分岐点は、1バレル30ドルを下回るほどで、著しく低コストである。ただし、多くの産油国が1バレル80～90ドルを想定して国家予算を立てており、80ドルのベンチマークを切ると、多くの産油国は国家財政破綻の危機に直面する。

メディアは2014年後半からの石油価格下落の理由を、アメリカやサウジアラビアが増産したからだ、と報道した。しかし、実際には、アメリカでブー

ムとなったシェールガスの開発は、原油価格暴落で打撃をうけたものの、いったん開発を始めたシェールガスの生産を削減することもできず、採算割れでも生産を継続した。またサウジアラビアよりもイラクの石油の増産の影響が大きかった。

　2016年1月には原油価格は30ドルを下回るほどに低下していたが、同年12月には、1バレル50ドル台に回復した。

　2017年1月に就任したトランプ大統領は、これまで規制が多く、開発ができなかった国内の油田の開発を、規制を撤廃し、積極的に開発し、雇用を増大し、アメリカを石油の輸入国ではなく輸出国にしようとしている。彼はイラク戦争にも反対した。中東に平和をもたらすことを選挙戦では公約していた。

第3節　2017年6月のカタール断交とペトロダラーの今後

（1）2017年6月のカタール断交

　2017年5月20日、トランプ大統領は最初の外遊先としてサウジアラビアを選び、大歓迎された。アラブとイスラム諸国の代表が集まるサミットでは、過激なテロリストの一掃をすべての参加国に求める演説を行った。その演説のなかで、過激派を支援する国として、カタールを名指ししている箇所もあった。これまで、中東でアルカイダやISISなどのイスラム・テロリスト（9・11事件も含め）を支援してきた主要な国はサウジアラビアと言われてきたが、今回サウジアラビアはトランプ大統領とテロリストの一掃で合意した。

　2017年6月5日、サウジアラビアが主導し、アラブ首長国連邦（UAE）、バーレーン、エジプトなどの他の諸国とともに、カタールと国交断絶した。理由はカタールがテロリストを支援しているからであった。経済封鎖によって陸続きのサウジアラビアからカタールへの食糧の輸入が止まったが、食糧・水を空輸したのはイランやトルコであった。

経済封鎖したアラブ諸国は、カタールに対し13項目の要求を提出した。その要求項目には、イランとの国交断絶、カタールに駐留しているイラン革命軍の撤退やトルコ軍基地の廃止、アルジャジーラや他のカタールが出資している衛星テレビ放送局の廃止などが含まれていた。カタールはサウジアラビア同様に親米国家であったが、一方でペルシャ湾を挟んで隣国のイランとの関係も維持しなければならない事情がある。

カタールにはアメリカ軍の基地があり、1万1,000人の軍隊が駐留している。カタールは、イエメンの内戦では米国やサウジアラビアとともに、イランが支援している反政府ゲリラと戦い、シリアのアサド政権を打倒するために米国、サウジアラビア、トルコなどとともに反政府ゲリラを支援してきた。

一方、カタールはイスラエルのガザ地区を実効支配するイスラム過激派のハマス（原理主義組織である「ムスリム同胞団」にルーツがある組織で、イランに支援されてきた）を支援してきた。そしてカタールはエジプトの「ムスリム同胞団」も支援してきた。

この数年、カタールは「ムスリム同胞団」を支援したため、アラブ諸国との間に緊張関係が生じていた。エジプトでは、2011年の「アラブの春」で、「ムスリム同胞団」のムハンマド・モルシ大統領が就任したが、シャリア法を強いる過激な政策に反発する反対派が増加し、2013年のクーデター後、今度は「ムスリム同胞団」を弾圧する現シシ大統領に政権交代していた。サウジアラビアやUAEは、ムスリム同胞団のモルシ政権に反対し、シシ政権を支持した。サウジアラビアの王族支配がエジプトのようにムスリム同胞団の民主化運動によって打倒されるのを警戒しているからである。このようにスンニ派のアラブ諸国内で対立が生じていた。

しかもカタールが支援するアルジャジーラの報道、特にそのアラビア語の報道は、「ムスリム同胞国」を擁護するプロパガンダになっている、とサウジアラビアやエジプトは批判を強めていた。

一方、カタールはイランとの良好な関係も維持してきた。カタールとイランは双方の海域にまたがる海底ガス田を分割所有しているために連携が必要である。このガス田がカタールの富の源泉になっているからである。

カタールはこの天然ガスをヨーロッパに輸出するために、アウジアラビア、シリア、トルコを経由してパイプラインを建設する構想をもっていた。それに反対したシリアのアサド政権の打倒を狙い、カタールはサウジアラビアやトルコなどともに反政府ゲリラを支援してきた。しかしこの構想の実現が、2015年後半のシリア内戦へのロシアの介入や2017年のトランプ政権の成立もあり、暗礁に乗り上げたため、カタールは方針転換し、今度はイランとともに、人民元で取引する中国に重点を移す動きを見せ始めた。

（2）中国との貿易と人民元での決済

　カタールに2015年に、中東で初めて人民元の決済銀行として中国工商銀行（ICBC）が設置された。それにより中国はカタールで石油・ガスの取引を人民元で開始した。前述したように、中国、ロシア、イランの間で、ペトロダラーを崩壊させようとする動きが始まっている。2012年にイランは中国と石油を人民元で取引開始し、ロシアも同様に人民元で取引を2015年に開始した。2016年11月に、トルコでもエルドアン首相が、中国、ロシア、イランとそれぞれの通貨での貿易に踏み出す意向を示した。トルコは親米国で北大西洋条約機構（NATO）に加盟しているが、このような動きに出ているのは注目に値する。トルコは「地政学的ピボット」の一つである（第8章参照）。ペトロダラーに風穴を開けようとする動きが広がっているのである。

　2012年、中国は人民元の国際化が目的で、上海に金の取引市場を開設した。人民元が完全に金と兌換可能になれば、将来的にドルよりも人民元のほうが魅力的になる。2014年のロシアに対する経済制裁以来、ペトロダラーを迂回するための中国とロシアの連携が強化されてきた。それに加え、両国とも金の保有を増加させてきた。相互に自国の通貨での取引を増加させ、2017年1月、1年間で2ヵ国間の貿易額が34％増加した。2017年3月、中国は正式に人民元の決済銀行をロシアに開設した。ロシアの人民元の決済銀行は「ユーラシア経済共同体」の重要な経済的ハブになると期待されている。

　「ユーラシア経済共同体」構想を実現するための組織の一つに、「上海協力機構（Shanghai Cooperation Organization）」がある。現在の加盟国は、中

国、ロシア、カザフスタン、キルギス、タジキスタン、ウズベキスタン、インド、パキスタンで、世界の人口の2分の1、GNPの4分の1を占める。この組織は軍事同盟ではないが、軍事同盟的な色彩もあり、NATOに対抗しうる反米同盟に発展する可能性を秘めている。このようなロシアと中国を中心とするハートランドにおける経済的・政治的・軍事的共同体の構想は、アメリカを中心とするハートランドとリムランドに対する地政学戦略とは明らかに対立するものである（第8章参照）。

　2017年8月、ロシア・イラン・北朝鮮への制裁措置をさらに加える法案が、米国議会で圧倒的多数で成立した。トランプ大統領が拒否権を発動しても、議会で3分の2以上の賛成が得られると法案が成立するため、トランプ大統領はやむなく法案にサインした。緊張が深まるばかりで、今後のペトロダラーの行方が注目される。

【注】

1　OPEC（Organization of the Petroleum Exporting Countries）は、石油輸出諸国の利害を統一する機構として1960年に設立された。当初の加盟国は、サウジアラビア、イラン、イラク、クウェート、ベネズエラの5ヵ国であった。その後、アメリカなど他の7ヵ国が加わった。

2　OAPEC（Organization of Arab Petroleum Exporting Countries）アラブ石油輸出国機構。1968年、クウェート・サウジアラビア・リビアの3国で結成。2016年現在、10ヵ国が加盟。

3　LIBOR（London Interbank Offered Rate, ライボー）は、ロンドン市場での取引平均貸出金利のことである。1974年から開始したLIBORは、短期金利の指標として使用され、スワップ金利などのディリバティブ商品の基準金利としても使われる。2008年頃からロンドンの銀行間で決まるLIBORが、市場よりも低く意図的に操作されているのではないかという不正疑惑が報道されてきた。短期金利が低く、長期金利が高いという、短期と長期の間の金利差によって、短期で借り、長期で貸付けて利益を得るのが銀行のビジネスモデルであることから、短期金利を低く抑えることが銀行にとって有利であった。

4　1970年代からアメリカで発展した保守主義の一派。ジョージ・W・ブッシュ（子）共和党のタカ派の強硬な外交政策を指すことが多い。

5 メディア・コングロマリットは、タイム・ワーナー、ディズニー、マードックのニューズ・コーポレーション、ドイツのベルテルスマン、ヴァイアコム（元CBS）の5社である。これらの5社がアメリカのマスコミ業界の90%を支配している。それは、新聞、雑誌、本、ラジオとTV局、映画スタジオや、大半のウェブ・ニュース・コンテンツに及ぶ。そして、政治既成勢力や、経済・政治パワー・エリートと直接つながっている。

6 1997年のアジア通貨危機の影響で、世界の原油需要が低下した。1997年に原油価格は1バレル23ドルであったが、1998年5月には11ドルに急落した。為替の固定相場制（危機後に変動相場制へ移行した）の基で、チェチェン紛争などのよる財政赤字の増大もロシア国債危機の要因となった。ルーブルは投機的攻撃を受け、通貨切り下げを余儀なくされた。金利は30%から150%に上昇し、激しいインフレにも見舞われた。7月にIMFと世界銀行による2,260億ドルの貸付が認められたが、その一部の50億ドルは経済破綻の最中に失われた。

7 シェールガスは頁岩層から採掘される天然ガスである。2000年代の原油価格の高騰で北米において開発が盛んとなった。地下2,000〜3,000mの頁岩層に約3,000mもの長さの横穴を掘削し、水圧破砕法で掘削する。大量の水と化学物質を地下に注入するため、環境汚染が問題とされている。

8 アメリカの通常の原油生産の損益分岐点は1バレル約90ドルとかなり高い。

9 ムスリム同胞団は1928年にエジプトで設立され超国家的なスンニ派のイスラム原理主義組織である。その目的は、イギリスや他の植民地支配勢力を追い出し、世界のイスラム国家を統一し、最終的にカリフ制の復活をめざすものであった。イスラムのシャリア法が国と社会の全てを律する政治的、社会的運動である。アラーの神のために異教徒を残虐に殺し、自爆テロも辞さないジハード（聖戦）の面でも知られている。第2次世界大戦の前から後にかけて組織が拡大した。エジプト政府は1948年、1954年、1965年、2013年にムスリム同胞団を弾圧し、一斉検挙を繰り返し行ってきたものの、同組織の支持者はエジプトに多い。

【文献】

Clark, William R. (2005) Petrodollar warfare: Oil, Iraq and the future of the dollar, New Society Publishers.

Katusa, Marin (2014) The Colder war: How the global energy trade slipped from America's grasp, Wiley. (マリン・カツサ, 渡辺惣樹訳『コールダー・ウォー　―ドル覇権を崩壊させるプーチンの資源戦争―』草思社, 2015年)

第2章　ラテンアメリカにおける米国支配の歴史

　この章では、第2次世界大戦前までのラテンアメリカにおける米国支配の歴史を論ずる。ラテンアメリカは1820年代までに独立した国が多いものの、その後、アメリカの経済的、政治的支配を受けることになった地域である。ラテンアメリカ諸国、特にアメリカに地理的に近いカリブ地域や中米地域は、モンロー主義によるアメリカの介入主義によって、半植民地的状態にとどまっていた。「バナナ・リパブリック」と呼ばれたホンジュラスやグアテマラにおけるアメリカ資本による現地政府の支配が典型である。米国資本が米国政府と結託し、クーデターを画策して反米政権交代をさせることも、ラテンアメリカの歴史には頻繁に起こっている。

第1節　ラテンアメリカ諸国の独立とアメリカの経済支配の歴史

(1) ラテンアメリカ諸国の独立と経済発展

　19世紀初頭にラテンアメリカ諸国のほとんどは、スペインやポルトガル（ブラジルのみ）の植民地であった。これらの諸国が独立するのは、ナポレオン戦争（1803～15年）の時代に、スペインもポルトガルもフランスによって一時的に占領され国力が弱まったことを契機としている。そのためラテンアメリカ諸国の多くは19世紀の初頭から前半までに独立を遂げた。
　たとえば、パラグアイ（1811年）、アルゼンチン（1816年）、チリ（1818年）、メキシコ（1821年）、ブラジル（1822年）、ペルー（1824年）、ウルグアイ（1830年）などである。

1819年、大（グラン）コロンビア（1819〜31年）は、現在のコロンビア、エクアドル、ベネズエラ、パナマなどを含む広大な領土をもつ共和国として独立したが、1830年にエクアドルやベネズエラが分離独立した。このように1820年代までに独立を遂げたラテンアメリカ諸国は、独立国として200年近い歴史をもっていることになる。

　一方、アジアの多くの国々が宗主国から独立を果たしたのは、第2次世界大戦後であった。アジア諸国の独立は、ラテンアメリカの独立と比較すると120年以上後であった。一般には、独立が早いほど経済的発展に有利であると考えられる。しかし実際には、最近のアジアの新興工業国の所得と比較すると、ラテンアメリカ諸国の所得のほうが低い。

　各国の1人当たりの所得を、アメリカの1人当たりの所得を基準とした相対所得で比較すると一目瞭然である。アルゼンチンのアメリカとの相対所得は、1950年代に6割程度であったが、1980年代に低下し1990年には3割に低下した。メキシコやチリも1950年代に3割程度であったが、その後、低迷し続けている。それに対し、アジアの新興工業国は1950年代に1割程度であったにもかかわらず、急速に所得が上昇し、1990年代にはシンガポールは8割を超え、韓国も4〜5割、マレーシアは3割程度に上昇している。つまり、ラテンアメリカ諸国の所得は低下し、アジアの新興国の所得のほうが相対的に上昇しているのである。

　ラテンアメリカの経済成長が、アジアの新興工業国に追い抜かれてしまった理由に関して、従来の開発理論によれば、ラテンアメリカ諸国とアジアの新興工業国とでは、工業化を促進するうえでの経済発展モデルが違っていたことが一つの要因であると説明されてきた。アジアの新興工業国は「輸出志向政策」の経済発展モデルで1970年代頃から急成長を遂げていくが、ラテンアメリカは1950年代頃から「輸入代替政策」を採用した。「輸入代替政策」とは、先進国から工業製品を輸入する代替として、国内の製造業を保護するものであったが、積極的に輸出を振興する産業政策ではなかった。ラテンアメリカ諸国では資源輸出ができたので、内需のための国内製造業を保護する段階にとどまり、積極的に外貨獲得のための工業化を推進するまでに至らな

第2章 ラテンアメリカにおける米国支配の歴史

図2-1 ラテンアメリカの地図

かったのである。

　工業化政策に関する違いばかりでなく、現在のラテンアメリカにおける相対的な所得の低迷や経済成長の遅れをもたらしたもっと本質的な要因が、ラ

テンアメリカの近代史には隠されている。ヨーロッパ宗主国による植民地支配から独立したと言っても、それは名目上の独立にすぎなかった。米国がヨーロッパに代わり、ラテンアメリカの支配、侵略、略奪を繰り返してきた歴史を理解しておく必要がある。米国のラテンアメリカ支配は、歴史的にはモンロー主義に依拠し、米国はラテンアメリカを容易にコントロールできる自国の裏庭（backyard）とみなしてきた。

（2）モンロー主義

　1820年代までにヨーロッパの支配から独立を遂げていくラテンアメリカ諸国に関して、1823年、米国第5代大統領ジェームズ・モンローは、ヨーロッパ勢力が西半球にある南北アメリカ大陸には今後干渉しないように要求した。これがモンロー宣言である。この宣言の裏には、ヨーロッパ諸国によるラテンアメリカへの干渉を拒否し、代わってアメリカが単独でラテンアメリカを支配下に置こうという意図が隠されていた。

　アメリカのラテンアメリカへの侵略主義は、19世紀後半にはより露骨になり、形式的には独立国家の形態を維持しつつ、債務返済に苦しむ諸国を、「砲艦外交（gunboat diplomacy）」と呼ばれる軍事力で威嚇、攻撃し、諸国の富を略奪する、過酷な半植民地的支配を続けてきた。アメリカの対外政策の本質は、アメリカ巨大資本の利益を擁護するためのものである。それがアメリカの「裏庭」として位置づけられたラテンアメリカの近代史において最も典型的に具現されている。

　米国のセオドア・ローズベルト大統領（1901〜09年）は、「裏庭」で軍事介入を繰り返した。債務超過になったドミニカ共和国やベネズエラへ軍事介入し、1901年、コロンビアからのパナマの独立のためにも軍事介入を行った。ローズベルト大統領は、これらの国への軍事介入を、モンロー主義を掲げることにより正当化した。本来のモンロー主義は西半球へのヨーロッパの介入を排除する方針として打ち出されたものであったが、彼はモンロー主義の解釈をラテンアメリカへの米国の積極的な干渉主義を正当化する根拠へと転換させた。

第2章　ラテンアメリカにおける米国支配の歴史

　ローズベルト大統領によるモンロー主義を援用した干渉主義の典型な例は、パナマを独立させてパナマ運河を建設したことである。当時、パナマはコロンビア領であったが、米国はパナマ支配を望んだ。パナマをコロンビアから分離独立させるために、ローズベルト大統領は画策した。まず1903年にパナマで親米独立派を使って反乱を起こさせた。その反乱を鎮圧するためにコロンビアは軍を派兵した。アメリカは米国海軍を派兵してコロンビア軍の上陸を阻止した。この軍事的な介入によって、米国はパナマを独立させ、パナマに親米政権を樹立させ、パナマ支配を確立した。

　米国は1903年にパナマ地峡の永久租借権を獲得し、パナマ運河の建設を開始した。パナマ運河の建設は単に太平洋と東岸の諸都市との間の交易ルートを開く経済的な意味ばかりでなく、イギリス海軍には劣るものの当時増強しつつあったアメリカ海軍を全世界に派遣することを可能にする拡張主義的な意図も含まれていた。

　第1次世界大戦が勃発した1914年に、パナマ運河が完成した。以後、パナマ運河は、米国がイギリスの次にグローバル・パワーとして君臨していくうえで重要な足がかりとなった。

　ローズベルト大統領の拡張主義的カリブ政策は、「棍棒（big stick）政策」と呼ばれた。彼の外交政策の基本的態度は、弱小国家を前にして、「大きな棍棒をもって、穏やかに話す」ことであった。つまり弱小国家に対して強力な軍事力を背景に相手国を威嚇し、アメリカ資本に有利な交渉をすることだったのである。

　セオドア・ローズベルトを引き継いだウィリアム・タフト（1909〜13年）、ウッドロウ・ウィルソン（1913〜21年）[1]、そしてフランクリン・ローズベルト（1933〜1945年）[2]は、第2次世界大戦が終わるまで、基本的にモンロー主義に沿って、米国のヘゲモニーの下、米国のための政治経済を秩序化する汎米路線を拡大していった。

第2節　バナナ・リパブリック

（1）米資本バナナ・プランテーションと「バナナ・リパブリック」

　米国資本は、フロリダ半島にほど近いカリブ諸島のキューバ、ハイチなどに進出を開始し、次に中米の地峡地域に拡大し、帝国主義的な拡張を続けた。アメリカ資本によるカリブ諸島でのバナナ栽培は19世紀半ば頃から始まった。なかでもユナイテッド・フルーツ社（現在はチキータ・ブランド Chiquita Brands International）が有名である。1899年に設立されたユナイテッド・フルーツ社は企業買収を繰り返すことによって事業を拡大していった[3]。

　ユナイテッド・フルーツ社は中南米のグアテマラ、ホンジュラス、ニカラグア、メキシコなどの数ヵ国に進出した巨大多国籍企業である。同社は巨大なバナナ栽培のプランテーション農園を経営し、輸送のための鉄道や港湾も支配した。プランテーションでは低賃金で現地人を雇い、過酷な労働を強要し、熾烈な搾取を行い、当地から経済的な富を収奪した。同社の政治的な権力も強力で、現地の政府を抱き込み腐敗させた。そのため同社が君臨するラテンアメリカ諸国は「バナナ・リパブリック（共和国）」と呼ばれるようになった。

（2）ホンジュラス——最初の「バナナ・リパブリック」

　ホンジュラスは、最初に「バナナ・リパブリック」と呼ばれた国である。バナナのプランテーションを経営するアメリカ資本が、19世紀末、カリブ諸島から中米大陸にも進出し始め、最初、ホンジュラスのカリブ海に面した北部海岸沿いの未開の熱帯雨林地域でバナナ生産を開始した。ホンジュラスでは、1910年代から1920年代にかけてバナナの生産量が急増し、バナナはホンジュラスの最大の貿易産品に成長した。こうしてホンジュラスはグアテマラよりも早く本格的な「バナナ共和国」となった。

　ホンジュラスでは1920年代までに、3つのアメリカの多国籍企業——ユナイテッド・フルーツ社、スタンダード・フルーツ社、クヤメル・フルーツ社

——が、バナナを中心とする農産物の生産、収穫、輸出を独占し、しかもそれらの移送手段である鉄道、道路、港湾などのインフラストラクチャをも支配した。米国資本がホンジュラスの経済を支配したのであった。

米国資本に圧力をかけられたホンジュラス政府は、米国資本に対し免税措置をとった。そのため国家の税収が減少し、政府は対外債務の問題を抱えるようになり、教育・医療・福祉には予算を充当することができなかった。米国資本のための鉄道や港湾などの民間投資は整備されても、貧しい民衆のための公共投資は不十分であった。政府の腐敗や不正も常態化していった。

隣国との紛争や政変、内乱があり、政情も不安定で、秩序維持の名目のもと、アメリカ軍がホンジュラスに出兵することも頻繁にあった。1900年から30年の30年間に、アメリカはホンジュラスに7回も派兵した。ホンジュラスは軍事的にも経済的にもアメリカの支配下にあった。

（3）サミュエル・ザムライ

アメリカの多国籍企業が事実上現地の国家を支配する「バナナ・リパブリック」では、一企業の意にそぐわなければ現地の政権を転覆させることもできた。つぎに述べるのは、一人の男が思惑どおりに現地の国家の政権を交代させた実話である。

サミュエル・ザムライ（1877〜1961）は、「バナナマンのサム（Sam the Banana Man）」と呼ばれた、バナナ生産・販売で成功を収めた経営者である。ザムライが最初に手掛けた仕事は、ニューオリンズでバナナ輸入業者が完熟してしまって廃棄するバナナを引き取って販売することであった。次に輸送船を購入し、ホンジュラスでバナナ栽培を開始し、1911年にクヤメル・フルーツ社を設立した。

当時、ホンジュラスは多額の対外債務問題を抱えアメリカと交渉中であった。ザムライはミゲル・ダビラ政権が対外債務返済のため増税するのを恐れた。またダビラ政権は、彼と競合する会社、後のスタンダード・フルーツ社（現ドール・フード社）に、鉄道用地を提供するなど便宜を図っていた。これを快く思わないザムライは、1911年にダビラ政権を倒すために、秘密裡にク

ーデター計画を立てた。ニューオリンズで傭兵を2人雇い、銃や当時珍しかったマシンガンを入手し、彼の息のかかった前大統領のマヌエル・ボニージャに大量の武器を提供し、クーデターを支援した。ボニージャの軍事クーデターは成功し、彼は大統領に復帰した。1912年、ボニージャは大統領に就任すると、ザムライの会社に土地の使用権と免税措置を認可する特別な便宜をはかった。

　これはアメリカ企業が自力で軍事クーデターを画策・支援し成功した事例である。クーデターで自分の意のままになる政権をすえ、バナナ事業で成功したザムライは、後年、ユナイテッド・フルーツ社の社長に就くことになる。

　1929年10月末に起きた世界大恐慌でバナナ産業は打撃を受けた。クヤメル・フルーツ社も経営難となり、同年にユナイテッド・フルーツ社に買収された。それによってザムライはユナイテッド・フルーツ社の最大株主となった。後にザムライはユナイテッド・フルーツ社の社長に就き、1951年まで社長を務め、その後、会長となった。1954年のグアテマラのクーデターの時には、ザムライはユナイテッド・フルーツ社会長として、政権を打倒するための秘密工作で重要な役割を果たした。

（4）グアテマラのバナナ・リパブリック

　グアテマラはホンジュラスよりも遅れて「バナナ・リパブリック」となった。ユナイテッド・フルーツ社は、ホンジュラス同様、グアテマラの経済・政治のすべてを支配した。グアテマラでは独裁者ジョージ・ウビコ政権（1931～44年）のもとで、ユナイテッド・フルーツ社はグアテマラの国土の42％を支配するようになった。

　アメリカが擁立した独裁政権のもとで、ユナイテッド・フルーツ社は税や関税の免除を受ける特権的な地位を獲得した。ユナイテッド・フルーツ社はバナナの生産から輸出までを独占しただけでなく、グアテマラのインフラ、電信・電話網と大半の鉄道網を所有し支配下に置いた。当時、グラテマラの輸出の77％はアメリカに向けられ、輸入の65％はアメリカからであった。ユナイテッド・フルーツ社は、事実上、グアテマラを支配する「国家」となっ

ていた。

（5）1954年のグアテマラのクーデター

　ところが、この「バナナ・リパブリック」に1944～54年の10年間で大きな変革が起こる。1944年にグアテマラで初めて本格的な自由選挙が実施された。その選挙で当選したフアン・ホセ・アレバロ大統領（1945～51年）は、米国資本による搾取的な経済支配に対して貧しい人々を擁護する民衆のための政策を打ち出したのである。6,000の学校を建設し、教育と福祉を向上させた。労働者の待遇を改善する労働法改正を実施し、労働組合を結成する権利を認めた。この労働法改正によって労働者の権利拡大の対象は、ユナイテッド・フルーツ社の農園常勤労働者にも及んだことから、同社は反発し、アレバロ政権との間で緊張が高まった。

　アレバロ大統領の後継者として革命の意志を継いだハコボ・アルベンス大統領（1951～54年）は、つぎつぎに社会主義的な政策を断行していった。アルベンスはアメリカ資本の鉄道会社には運賃の値下げを命じ、ユナイテッド・フルーツ社には相応の税金を支払うように要求した。また1952年には農地解放を実施した。

　当時、ユナイテッド・フルーツ社はグアテマラの国土の42％を支配し、グアテマラで最大の土地所有者だった。しかし農地改革によって同社の農園は接収され、経営は大打撃を受けた。この社会主義的なアルベンス政権の打ち出す政策が、ユナイテッド・フルーツ社にとって桎梏となった。そこでユナイテッド・フルーツ社は本国政府（米国）に助けを求めた。CIAはアルベンス政権に「共産主義」のレッテルを貼り付けて、反アルベンス政権プロパガンダを展開し、反政府軍を組織させ、米軍も関与して政権を打倒するクーデターを画策した。

　このグアテマラにおけるクーデターの背後で暗躍したのは、前述した1911～12年のホンジュラスのクーデターを成功させたユナイテッド・フルーツ社の会長であるザムライであった。彼は主にメディア工作を担当した。アメリカのメディアを使って、「アルベンス大統領は危険な共産主義者である」「彼

の農地改革はソ連に指示された」と盛んに喧伝させた。また、広告会社を使って「グアテマラが西半球におけるソ連の拠点」となる、と警戒するプロパガンダを新聞や議員に流した。この情報操作は成功し、彼はアメリカ政府を動かすことができた。CIAはアルベンスに対する軍事クーデターを支援した。ユナイテッド・フルーツ社は、クーデターに協力し、自社の船舶で反政府軍へ兵士や武器弾薬を運搬した。

この時のアメリカの大統領は、ドワイト・デヴィット・アイゼンハワー（1953〜61年）であった。彼の政権の国務長官はジョン・フォスター・ダレスであった。彼の弟のアレン・ウェルシュ・ダレスはCIAの長官であった。このダレス兄弟はユナイテッド・フルーツ社とも深い関係をもち、反共主義者であった。ダレス兄弟は、CIAの秘密工作による1953年のイランの政権転覆（第5章コラム5．1参照）や、1954年のグアテマラの政権転覆のクーデターに関与した（Kinzer 2013）。そして、1954年、米政府およびCIAの支援を受けた反政府軍によって、アルベンス政権は崩壊し、アルベンスは亡命した。

この弟のアレン・ウェルシュ・ダレスがCIA長官の時代（1953〜61年）に、CIAの機能が変質したと言われている。ダレス長官の時代にCIAは暗殺や破壊工作などの秘密工作機関に再編され、現在に至っている。その後世界の各地でCIAの秘密工作が多数繰り返されていくが、1953年のイランと1954年のグアテマラのクーデターがそれらの原型となっている。その意味でダレス兄弟が関与したこの2つのクーデターは、現代まで続くアメリカ企業の利益を守ろうとする秘密裡の動きを理解するうえでたいへん重要である。

ユナイテッド・フルーツ社は、1961年にキューバでCIAの支援を受けた反政府勢力がピッグス湾に進攻した際にも、2隻の船舶を提供した。同社はアメリカ海軍との関係も密接であった。

（6）グアテマラのクーデター後

1954年のグアテマラのクーデターによって樹立された親米傀儡政権は、農地解放で小作人に与えられた土地を元の所有者に戻した。ユナイテッド・フルーツ社は接収された土地を取り戻し目的を遂げた。また同政権は反対政党

を非合法化し、やがて腐敗した独裁政権となった。1954年のクーデター以降、グアテマラではクーデターが相次ぎ、政治的な混乱が続いた。

　1960年から親米軍事政権と反政府ゲリラとの内戦が始まった。右派の軍事政権によって反政府派は暗殺される恐怖政治が続き、内戦は長期化した。

　東西冷戦下の代理戦争とも言える中米紛争は、グアテマラばかりでなく、1980年代前半にニカラグアやエルサルバドルなどでも激化した。そのような状況下で、グアテマラの紛争は内向化し、しかも長期化した点が特徴的である。その後、米ソの冷戦も1990年代初頭には終焉し、両陣営からの支援もなくなったが、グアテマラにおいて政府とゲリラとの和平合意が成立し、ようやく内戦が終結したのは、1996年になってのことであった。

　グアテマラでは36年もの間内戦が続いた。この内戦で20万人が死亡もしくは行方不明となった。グアテマラでは内戦中にジェノサイド（genocide, 大量虐殺）が行われた。ジェノサイドの主な犠牲者は先住民であった。多くの村が焦土作戦によって破壊された。政府軍は農村部では対ゲリラの名目で自警団を編成し、自警団は殺害や強制失踪などの破壊行為を行った。交互監視下にあった村人は、密告の恐怖から互いに信頼できなかった。自警団の下で村落共同体のなかは、殺さなければ、殺されるという恐怖が支配した。

　ジェノサイドの真実を明らかにするために、沈黙を強いられてきた人々の証言を集める「歴史的記憶の回復プロジェクト（REMHI）」が1995年に開始された。その調査結果が1998年にヘラルディ司教によって公表されたが、その2日後にヘラルディ司教は暗殺され、国内外に大きな衝撃が走った。

　調査結果から、虐殺の一部はゲリラによるものもあったが、虐殺の大部分は政府軍と自警団によるものであったことが明らかとなった（歴史的記憶のプロジェクト 2000）。つまり、米軍が軍事的に関与していた政府軍やその統制下にあった自警団がジェノサイドの主犯であったのである。

　アメリカのメディアはグアテマラの内戦の模様をかなり偏って報道した。アメリカが支援していたグアテマラ政府によってジェノサイドが発生していたことはほとんど報道されなかった。1984年と1985年のグアテマラの選挙についてもかなり偏った報道であった[4]（Herman and Chomsky 1988）。実態は

公正とは言い難い選挙であった。

　グラテマラは、現在でも内戦の傷から癒されておらず、暴力、殺人、麻薬密輸、子供の人身売買、ギャングの跳梁などが多く、犯罪率や殺人発生率が異常に高い国である。貧富の格差も大きく、国民の半分以上は貧困層にとどまっている。

（7）キューバ革命

　アメリカ政府による政治的・軍事的介入がいつも成功するわけではない。キューバは米国の介入が失敗した事例である。1889年の米西戦争後、キューバは米国の支援を受けて独立を遂げることができた。米国資本がキューバにサトウキビ栽培や鉄道などのさまざまな分野で進出した。米国はキューバを1950年代末まで半植民地的に支配したが、米国の半植民地的支配に対抗する反政府的な運動も起こった。しかし一時的に反米的な政権が樹立されても、米国の介入によって親米的政権に取って代わられていた。

　1952年、米国の支持を受けたフルヘンシオ・バティスタがクーデターで政権を奪取し独裁政治を開始した。バティスタは憲法を停止し、政党を解散し、民主化を求める市民は秘密警察の手で殺された。これによって米国企業がキューバの富を独占する社会構造が形成された。アメリカによるこの半植民地的な支配に民衆は反発し、1953年、フィデル・カストロが率いる青年たちが蜂起したが、この時カストロは失敗した。

　1959年、ついにカストロはキューバ革命に成功した。カストロはアルゼンチン出身のチェ・ゲバラとともに反政府軍を組織し、バティスタ政権を打倒した。

　チェ・ゲバラはアルゼンチン生まれの医師であったが、たまたま1954年にグアテマラに滞在していてクーデターに遭遇した。彼は政変前のグアテマラを「ラテンアメリカの中で最も自由で民主的な国」と評していた。彼はグアテマラの民衆の革命が軍事クーデターによって制圧される状況をつぶさに見て、彼はグアテマラ革命の失敗の原因は、民衆が武器をもって戦えなかったためだと考え、武力闘争を主張した革命家であった。

カストロは政権に就き、農地改革を断行した。当時、キューバの農地の7割はユナイテッド・フルーツ社などの米国資本によって所有されていた。このキューバ革命によって国内からアメリカ資本は排除され、アメリカ資本の資産は接収され国有化された。

1960年になるとキューバはソ連と接近し、アメリカとの対立が決定的となり、米国はキューバへの経済制裁を開始した。1961年4月、ピッグス湾事件でCIAが組織した反革命軍は敗れ、アメリカの海兵隊が正式に出動しないまま終わった。アメリカでは1961年1月には、民主党のジョン・F・ケネディが新大統領に就任したばかりであった。その後、ソ連がキューバにミサイルを配備していることが発覚し、1962年10月、いわゆるキューバ危機が勃発、核戦争が一触即発の危機に直面したが、米ソの妥協により回避することができた。

キューバはフロリダ半島から150kmほどしか離れておらず、アメリカの喉元を突くような地理的位置にありながら、社会主義国として存続し続けた。革命後、アメリカの経済制裁が長期化したためキューバ経済は疲弊した。キューバから米国のフロリダ半島へ向けて船で移動する難民も多く発生した。

1991年には、これまでキューバを支援してきたソ連も崩壊し、キューバは後ろ盾を失い、危機的な経済的状態に陥っていた。そんななかオバマ大統領は2015年、キューバとの国交を54年ぶりに回復した。その翌年、2016年11月にフィデル・カストロは90歳で一生を終えた。

社会主義国キューバも新たな局面を迎えている。ラテンアメリカの反米左派政権も、キューバとアメリカとの関係が改善されたため、キューバというイデオロギー的な支柱を失い、弱体化の危機を迎えつつある。

コラム 2.1　アメリカの帝国主義的領土拡大

（1）アメリカ合衆国の領土拡大

　19世紀後半からアメリカは露骨にラテンアメリカ諸国に対して内政干渉を続けてきたが、その帝国主義的な領土拡張主義はそれ以前のアメリカ歴史にも見て取ることができる。アメリカ合衆国が1776年イギリスから独立した当初の領土は、東部13州だけであった。これは現在のアメリカ合衆国の領土の東岸のほんの一部にすぎない。アメリカ合衆国の領土が太平洋岸にまで到達するのは1848年のことであった。換言すれば、アメリカが独立した当時は、アパラチア山脈を越えた西側には広大な内陸平野が広がり、ミシシッピ川、大平原、ロッキー山脈と続き、山脈を越えると海岸平野があり、太平洋岸に至っていたが、それらの土地は当時他国（イギリス、スペイン、メキシコなど）が領有していた。その広大な大陸を我がものとしようとする領土的野心によるアメリカの領土的拡張主義は、歴史的にいくつかの段階をとって展開されていった。

　17世紀から18世紀にかけて北米領土をめぐって、イギリスとフランスは植民地抗争を展開していた。フレンチ・インディアン戦争（1754～63年）で、イギリスはフランスに勝利した。その結果、1763年のパリ条約ではイギリスはミシシッピ川以東を割譲され、フランスは北米の領土を失った。1776年、アメリカ合衆国が東部13州として独立宣言した。1778年、イギリス領となっていたミシシッピ以東の地域、すなわち地形的にはアパラチア山脈を越えた内陸平野のミシシッピ川に達する範囲までは、アメリカ合衆国の領土に帰属することになった。これにより独立当初の領土よりも拡大した。

　フランスはミシシッピ川以西の、ミシシッピ川の支流の分水嶺を含む広大な地域を領有していた。ミシシッピ川の上流はミネソタ州であり、各支流の上流はモンタナ州、ワイオミング州、コロラド州、オクラホマ州にまで広がっていた。この広大なルイジアナ領土を、1803年、ナポレオン・ボナパルトはアメリカに売却した。アメリカの領土はまた一挙に広がった。いわゆる「ルイジアナ購入」である。加えて、1819年に、モンロー大統領の時代に、アメリカはフロリダをスペインから買収した。

　1830年、ジャクソン大統領はインディアン強制移住法を制定し、ミシシッピ川以東に住んでいたインディアンを以西のオクラホマ州などの居留地に強制移動させた。フロリダに居住していたセミノール族は強制移動させられたが、セミノール族の抵抗は続いた。ジョージア州に住んでいたチェロキー族は、「涙の

道」と呼ばれたオクラホマの居留地への長距離の行程を強いられた。途中で栄養不足、過労、病疫などで多数が倒れた（政府は移動費用を負担したが、移動作業を業者に委託したため、業者は利益を得るために食糧、毛布、移動費などのあらゆる経費を削った）。インディアンが居住していたジョージア、テネシー、アラバマなどの地域は肥沃な土地であったが、痩せた土地の居留地に強制移動させられた。インディアンを撤去させた後の土地は綿花栽培のプランテーションに変貌した。

図2-2 アメリカ合衆国の領土拡大

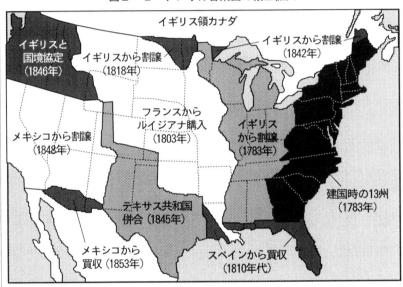

(2) 明白な天命 (Manifest Destiny)

ルイジアナを買収したアメリカにとって、次の領土拡張の目標は残りの太平洋までの広大な土地であった。それはメキシコ領であった。メキシコはスペインから独立したばかりで国力も弱かった。アメリカ人はそのメキシコ領に国境を越え不法に入植していき、占有していった。アメリカの領土拡張主義によって、メキシコは1830年代から1840年代にかけてその領土の半分をアメリカに奪われてしまう。

当時メキシコ領であったテキサスにも多くのアメリカ人が不法に入植していった。アメリカ人が増加して、1835年にはテキサス独立運動が起こり、1836年に、テキサス共和国は独立を宣言した。メキシコ軍は、その拠点である「アラモの砦」を攻撃した。アラモの砦では援軍が来ないため、孤立したわずかな守備隊は玉砕してしまう。アメリカ側は、その後"remember the Alamo!"という標語を使い、皆殺しにしたメキシコに復讐しようと敵意を煽った。5ヵ月後にテキサス軍はメキシコ軍を打ち破り、テキサス共和国は独立を果たした。1845年にテキサス共和国はアメリカに併合された。

　米墨（アメリカ・メキシコ）戦争（1846～48年）によって、アメリカ軍はニューメキシコやカリフォルニアを占領し、メキシコとの戦争で勝利した。1848年、メキシコからカリフォルニア、ネバタ、ユタ、アリゾナを含む領土を割譲し、ついにメキシコの領土の半分以上をアメリカが奪った。

　この戦争はアメリカのメキシコに対する侵略戦争の色彩が濃厚であった。アメリカの開戦理由は、メキシコがアメリカ領土に侵略し、アメリカ市民の血が流されたということであった。しかし、事件が起きた場所はアメリカの領土でなくメキシコとの係争中の領土であり、殺害されたのは市民でなく軍人であった、という疑惑があった。このことに関して、若き下院議員のリンカーンは、事実の歪曲がなかったか議会で質問に立ち、確証がない限り開戦は憲法違反であると主張した。ところがリンカーンは戦勝ムードのなか、非国民であると非難され、人気は凋落し、次回の選挙では落選してしまう。

　アメリカはメキシコから領土を割譲し、1848年には、カリフォルニアで金鉱が発見され、翌1849年にはゴールドラッシュが起きた。ゴールドラッシュでサンフランシスコに集結した人々は「フォーティー・ナイナーズ」と呼ばれた。そしてサンフランシスコでは急激な人口増加が起きた。

　「明白な天命（Manifest Destiny）」という言葉は、アメリカの領土拡張を正当化するイデオロギーとして有名である。この「明白な天命」とは、アメリカが西部や海外へむけて領土を拡張し、アメリカの文明と制度を広めるべき天命があり、その拡張は神の摂理にかなっているという信念である。この用語は1845年テキサス併合の時に、ジョーン・オサリバンの雑誌論文で最初に使われた。その後もオレゴンをアメリカ単独の領土とする前に、新聞は「明白な天命」の概念を用いて領有を正当化する記事を掲載した。その後も、この用語は、ハワイ（1898年に併合）やフィリピン（米西戦争の結果、1898年に併合）の領有を正当化する際にも用いられた。

　1867年、アメリカはロシアからアラスカを購入した。ロシアはクリミア戦争

(1853〜56年)で経済的に疲弊しており、ロシアはアメリカにアラスカ売却を打診していたが、アメリカは南北戦争中であったために交渉が進展しなかった。1867年にアラスカを購入した国務長官ウィリアム・H・スワードは、当時国民の批判にさらされ、アラスカ購入は「スワードの愚行」と呼ばれた（のちにアラスカは資源が豊富であることが明らかとなる）。

1898年、アメリカはキューバの独立運動を支援し、すでに国力が凋落していたスペインとの戦争（米西戦争）で勝利し、スペイン領であったプエルトリコ、フィリピン、グアム島を領有した。この戦争前からアメリカ資本はキューバに進出し、砂糖産業に投資していた。キューバでは独立運動が起こり、キューバの独立を支援するために出向し、ハバナ湾に停泊していた戦艦メイン号が謎の爆発事故によって沈没した。当時イエローペーパーと呼ばれたアメリカの扇動的な新聞は、スペインが仕掛けた水雷による爆沈であると一方的にスペインを非難し、"remember the Maine"のスローガンを多用し、事実の裏づけのない誇張された記事を載せて戦争ムードを鼓舞した（後に沈没したメイン号の事故調査によると、内部爆発していた事実が報告されている）。

現在、キューバにアメリカ軍のグアンタナモ基地があるのは、この戦争によってアメリカが奪ったものである。グアンタナモ基地はアメリカがカリブ海を制圧するために戦略的に重要な基地と位置づけられた。

米西戦争でフィリピンにもアメリカは独立を助ける目的で参戦したが、後にアメリカは革命軍を裏切ってフィリピンを植民地化した。

　アメリカは歴史的に領土拡張主義的な傾向をもっているが、その傾向は現在も続いている。アメリカ本国に近いカリブ諸国や中米では早くから米国資本が進出し、進出した米国資本の利益を擁護するために、アメリカは歴史的にラテンアメリカ諸国に軍事介入や政治介入を繰り返してきた。米国資本に不利な社会主義的政権が成立すると、民主的に選挙で選ばれた大統領も政府も転覆させ、傀儡政権を樹立させるなど軍事的・政治的介入を行ってきた。

　ラテンアメリカのどの国の歴史を紐解いても、アメリカの露骨な政治的・軍事的な介入が繰り返されてきたことが確認できる。自由と民主主義を標榜し、世界にもその理想を広めると自認してきたアメリカであるが、建前ではラテンアメリカ諸国の独立を容認する態度をとりながらも、現実的にはその

強固な影響力を行使して実質的に半植民地的支配を続けてきたのである。

【注】

1 　ウィルソン政権下でハイチが保護国となり、ドミニカも軍政下に置かれた。メキシコ革命の際には軍を派兵して革命に干渉した。第1次世界大戦に対してアメリカは中立を保ち、ウィルソンは戦争に巻き込まれないことを公約として1916年再選を果たすが、ドイツの潜水艦によって撃沈されたルシタニア号事件によって参戦への世論が高まり、アメリカは1917年4月、参戦に踏み切った。

2 　フランクリン・ローズベルト大統領はこれまでのラテンアメリカ外交を高圧的なものから、「善隣外交（good neighbor policy）」と呼ばれる友好的な政策に改めた。ラテンアメリカが社会主義を標榜するようになったため、「善隣外交」によってラテンアメリカが反米的になるのを押さえる意図もあった。またハイチからは海兵隊を撤退させた。この善隣外交が功を奏し、第2次世界大戦時にはラテンアメリカ諸国のほとんどが連合国側で参戦し、第2次世界大戦後にアメリカはこの地域への支配権を強めることができた。

3 　1903年には冷凍船が導入され、それによって腐敗しやすい食品の洋上輸送に革命的変化をもたらした。1904年には消費地であるアメリカと熱帯の生産地の間や、船上からの無線通信網をいち早く完成させた。

4 　アメリカが選挙管理のための顧問と資金を提供し、選挙監視団を派遣し、グアテマラが自由主義国家として復帰したかのようにメディアは報道した。しかし実態は、飢え、貧困、拷問、選挙違反、自警団の支配によって、自由選挙とは言えなかった。

5 　キューバがスペインの400年に及ぶ植民地支配から独立したのは、1898年の米西戦争によってであった。しかしその独立は形式的なものであり、事実上アメリカ支配の始まりとなった。アメリカの内政干渉権やグアンタナモなどの2つの米軍の軍事基地の租借などがキューバの憲法に盛り込まれていた。独立後、アメリカ資本が数多く進出した。1933年にフランクリン・ローズベルト大統領が善隣外交を開始し、1934年、キューバ憲法のアメリカによる内政干渉権を容認した修正条項を廃止した。

6 　この領土は1763年のパリ条約でフランスからスペインに割譲された。スペインはそのルイジアナ領土を1800年フランスに返還した。

【文献】

Kinzer, Stephen (2013) The brothers: John Foster Dulles, Allen Dulles, and their secret world war. Times Books/Henry Holt & Company(スティーブン・キンザー著, 渡辺惣樹訳『ダレス兄弟：国務長官とCIA長官の秘密の戦争』草思社, 2015年)

第3章　1970年代の南米の軍事政権と
　　　　ネオリベラル改革

　ラテンアメリカ、特に南米南部地域を中心として、1970年代に軍事独裁政権下で、ネオリベラリズムのイデオロギーに基づく経済改革が実施された。ここでいう「ネオリベラル改革」とは、主にシカゴ学派のミルトン・フリードマンによって提唱された市場原理に基づく経済改革のことである。

　1970年代中期のラテンアメリカ諸国における大半は独裁的な軍事政権であった。1964年ブラジル、1973年にチリとウルグアイ、1976年にはアルゼンチンに、アメリカの支援を受けた軍事政権が次々と成立していた。最初にネオリベラル改革が本格的に実施されたのは、1973年に起きたチリのクーデターで政権交代したピノチェト軍事独裁政権下であった。他にもブラジル、ウルグアイ、アルゼンチンの軍事政権下でも、チリほど本格的ではないが、ネオリベラル改革が行われた。

　本章では、第1節で南米南部地域の地理的特徴を述べる。第2節で、従来の輸入代替工業化政策とネオリベラル経済改革の理論的な相違を検討する。第3節で、チリのシカゴ学派の実験を検討する。第4節では、アルゼンチンのネオリベラル改革を論ずる。第5節では、カーター大統領とレーガン大統領までのアメリカのラテンアメリカ政策の変化を述べる。

第1節　南米南部地域の地理的特徴

　南米南部地域は、ラテンアメリカのなかでは比較的先進的な地域である。歴史的にも他のラテンアメリカの地域と比べて、スペインの植民地時代に

おける南米南部地域は、ラテンアメリカのスペイン植民地支配の中心部から距離が離れていたため、周辺的な存在であった。スペインの植民地支配は、メキシコやボリビアなど金銀の産出地に集中したが、南米南部地域には金銀の産出地がなかったためスペインは余り関心を示さなかった。加えてインカ帝国などの先住民は、赤道に近い地域で人口密度が高かったのに対して、南米南部地域では比較的先住民の人口密度は低かった。そこへスペイン、イタリアなどのヨーロッパ系の移民が流入し、開発された諸国であったので、南米南部は文化的にヨーロッパに近い先進性が他のラテンアメリカよりも強く感じられる地域である。気候的にも熱帯より温帯域が広がっている。実際、アルゼンチンのブエノスアイレスは「南米のパリ」と呼ばれるほど洗練された雰囲気がある都市である。

　そもそもアルゼンチン、チリ、ウルグアイなどの南米南部の諸国は、ラテンアメリカのなかでも所得水準は高かった。牧畜・農業が盛んで、第1次世界大戦と第2次世界大戦の両大戦間期には、ヨーロッパに牛肉や小麦を輸出しており、先進諸国に近づく勢いで所得も上昇していた時期もあった。

第2節　輸入代替工業化政策の転換とネオリベラル改革

（1）輸入代替工業化政策

　チリでは、1973年のピノチェトによるクーデター以降、シカゴ学派の経済理論の実験場となった。シカゴ学派の実験場となる前は、国内の産業を保護する保護貿易政策をとり、経済全体が国家によって統制されていた。1950年代、60年代の開発経済学の理論に従い、輸入代替工業化政策が実施されていた。これらの諸国では国内の需要を満たすために海外から工業製品を輸入する代わりに、国内で工業製品を製造し、国内市場の需要を満たす国内製造業の保護・育成政策がとられてきた。国内の製造業は技術力が低く国際的競争力が弱いため、輸入品には高い関税を課していた。

一般に、1930年代から1980年代頃まで、ラテンアメリカやアフリカなどの第三世界の独立国では、輸入代替工業政策が導入されていた。輸入代替工業化政策は、ケインズ主義的、コミュニタリアン的、社会主義的ないくつかの思想の影響を受けていた。これらの諸国おける1930年代の世界大恐慌期には、一次産品を輸出し工業製品を輸入していたが、大恐慌で一次産品の価格が下落し輸出収入が減ったために、工業製品を輸入できなくなった。このような問題を解決するために、輸入に依存するのではなく自国の工業化を促進する輸入代替工業化政策が採用されていった。

　1950年代から1960年代には、工業化、特に製鉄業は「進歩」と同義であり、国内の工業化を保護貿易政策によって推進した。国内の国際競争力の弱い発展初期段階の工業を保護育成するために、高い関税、国有化、重要な産業への補助金配分、増税などを含む保護貿易政策をとった。そのうえに、自国通貨も為替相場の価値を高く設定し、製造業のための資本財（機械など）の輸入をしやすくする一方で、海外直接投資を抑制した。

　ラテンアメリカのなかで輸入代替工業化政策で成功した諸国は、アルゼンチン、ブラジル、メキシコ、チリ、ウルグアイ、ベネズエラなどであった。政策的な効果がみられたのは、国内の人口も多く、所得も高く、国内の消費市場が成立するという条件を満たした諸国であった。その一方で、エクアドル、ホンジュラス、ドミニカ共和国のような貧しい小規模な国では、輸入代替工業化政策は限定的にしか実施できなかった。

　1980年代の「失われた10年」に至るまでに、多くの諸国で輸入代替工業化政策の効果が上がらず、対外債務も増大し危機に直面していた。国内製造業のイノベーションの遅れ、効率の悪化、製品の質の低下とコストの上昇といった問題が深刻になっていた。そこでラテンアメリカ諸国は債務危機に及んで、旧来の輸入代替工業化政策から一挙に市場原理に基づくネオリベラリズムの時代に突入する。

（2）ネオリベラル改革

　チリのピノチェト独裁政権は、それまでのアジェンデ政権による社会主義

的な経済運営から一転してネオリベラルな経済政策をつぎつぎに実施していった。ネオリベラルな経済政策は、シカゴ大学のミルトン・フリードマンの理論に基づいたもので、「シカゴ・ボーイズ」と呼ばれる彼の弟子たちが、チリを自分たちの理論の実験場としたのである。規制緩和、民営化、減税、国営企業の民営化、保護貿易主義的な貿易障壁の撤廃などを行った。

賃金上昇がインフレを引き起こすとして、最低賃金制度を廃止し、労働組合交渉権を違憲とした。また公的年金制度を民営化し、財産税を廃止し、営業利益に対する税金を廃止するなど、経営者側に有利な改革を行った。財政削減も行い、公務員職を大幅に削減し、福祉や教育などの社会的支出を減らした。国営企業と国営銀行の民営化を行い、国家の資産を安く民間に売却し、国の組織を縮小した。公立学校改革も行い、バウチャー制で財政的に支援する民営化を推進した。

コラム 3.1 ミルトン・フリードマンの経済理論

ミルトン・フリードマン（1912〜2006年）はシカゴ大学で、1946年から1977年まで教鞭をとっていた。彼は今世紀の経済学者のなかで、メイナード・ケインズに次いで、世界的に影響力をもった重要な経済学者である。

フリードマンは、マネーサプライを計算し、通貨供給量と経済活動の間に強い相関関係があることを明らかにした。特に1930年代の大恐慌はマネーサプライが激減したことが原因となったことを実証した（Friedman and Schwartz 1963）。彼は米国連邦準備制度（FRB）の政策を批判し、FRBを廃止すべきだと主張した。順調に経済成長するには、マネーサプライを恒常的に漸次増やすシステムが望ましいと提案した。彼のマネタリー理論によれば、インフレーションとマネーサプライに関係があり、マネーサプライを適切にコントロールすることによってインフレーションはコントロールできる、とされている。

一方で、彼はインフレの原因は原油や賃金などのコストの上昇によって引き起こされるとして、賃金の引き上げに反対した。

ミルトン・フリードマンのイデオロギーの特徴は、極端な市場原理主義であることである。彼は通貨供給量をコントロールする金融政策の重要性を主張したが、政府の財政政策は効果が薄いと批判し、ケインズ主義的な財政政策を需

要をコントロールするツールとして使うのに反対した。ケインズ主義的な大きな政府に反対し、政府の役割を最小化し、小さい政府を理想とした。政治的・社会的自由を生み出す手段として、自由市場の役割を強調した。

フリードマンは1950年代から変動相場制を主張していた。為替市場へ政府が介入する固定相場制に反対し、市場に委ねる変動相場制を支持した。彼は経常収支の危機を避けるためにも変動相場制は望ましいと主張した。

フリードマンは穀物先物を扱ってきたシカゴ取引所の依頼を受けて、外国通貨の先物市場の必要性を論ずる論文を著した。通貨の先物市場において投機が市場の不安定生を増すのではないかという疑念に対しても、むしろ安定に貢献するという議論を展開した。そして彼はその対価として破格の報酬をシカゴ取引所に要求した（中山 2013, p.162）。彼の理論は、ケインズが金融資本の暴走を抑制するために制度設計したブレトン・ウッズ体制を取り崩し、自由な金融市場で投機的な利益の増大を望む金融資本の期待に沿うものであった。

彼によれば、市場は社会・政治問題を解決するものであり、「市場の失敗」は存在しない。「市場」以外の他のシステムは機能しないのである。「市場の失敗」とみなされる貧困問題に対して、フリードマンは、貧乏人が低賃金で一生懸命働けば、貧困問題が「市場」によって解決されると主張した。フードマンは、貧困から解放されるための唯一の方法は、資本主義と自由貿易であるとし、それに代わるものは存在しないと論じた。

フリードマンのイデオロギーの根本には、強欲（greed）を肯定し、徳（virtue）の価値を認めない価値観があった。一方、「見えざる手」によって市場が機能するとした、古典派経済学の祖となったアダム・スミスは、『道徳感情論』（1759年）のなかで、社会が人々の共感（sympathy）で支えられていることを論じていた。ここに古典的リベラリズムとネオリベラリズムの違いを見出すことができよう。

社会保障は福祉政策への依存をもたらすと、自由市場の観点から彼は批判した。しかし彼の理論通りに福祉政策を放棄することも現実的ではなく、アメリカの福祉依存の問題に対応するために、貧困層がベーシック・インカムを得ることができる「マイナスの所得税」の概念を提案した。「マイナスの所得税」は、所得税と相殺される貧困層に対して税務署から支給される給付金である。

また、フリードマンは徴兵制度に反対した。『資本主義と自由』（1962）でも政府がやる必要のない政策の一つとして平時の徴兵制をあげていた。1967年頃から若者のベトナム戦争に対する反戦ムードが強まるなかで、フリードマンは強制された「奴隷」の徴募兵よりも、自由市場にふさわしく、自由選択した志願兵のほうが強いと主張した。彼の徴兵制廃止論は若者からも支持された。し

かし、彼は反戦運動を支持していたわけではなかった。むしろ若者の抵抗運動を切り崩す戦略として彼の徴兵制度廃止論は用いられた（中山 2013, p.86-92）。ニクソン政権時代にフリードマンは完全志願兵軍隊諮問委員会の委員を務めて、徴兵制度の廃止を主張し、結局アメリカでは1973年1月から徴兵制を廃止した。その結果、最近では「選択の自由」が現実にはほとんどない貧困層から、アメリカ兵士がリクルートされている実態がある。

麻薬に関しても、彼は麻薬を合法化するリバタリアン的政策を支持し、マリファナの合法化を支持した。彼はゲイの権利の支持者でもあった。

宇沢弘文は1964年、シカゴ大学の経済学部の教授となり、同僚としてフリードマンと接し、1968年に東京大学経済学部に戻った。宇沢は著書のなかで（宇沢 2017, pp.37-40）、フリードマンはベトナムへの水爆投下も支持していたことを述べている。そしてフリードマンの師であったフランク・ナイト教授は、広島・長崎への原爆投下に心を痛めていた経済学者であったが、最近のフリードマンの言動に目に余るものがあるとして彼を破門したエピソードを紹介している。

フリードマンは、一人の共産主義者でも"too many"と述べて、ベトナムで共産主義者を抹殺するために水爆の投下に賛成していた。フリードマンはまた水爆開発を推進した核物理学者エドワード・テラーとも親友であった。エドワード・テラーは、マンハッタン計画の研究統括者であったオッペンハイマーを批判して彼を追放し、水爆開発を推進した学者である。オッペンハイマーは1945年の日本への原爆投下後に、あまりの破壊力と被害の甚大さにショックを受けて水爆反対運動に転じた物理学者であった。

第3節　チリのアジェンデ政権打倒のためのモデル

（1）チリのクーデターのモデル

チリでは1973年の軍事クーデターまでは、過去41年間、平和な民主主義政権による支配が途切れなく続いてきた。

1970年に行われた大統領選挙で、チリ社会党のサルバドール・アジェンデが大統領に選出された。彼は武力闘争ではなく、選挙によって社会変革をもたらそうとした社会主義者であった。当時、チリにはかなりのアメリカ資本

第3章　1970年代の南米の軍事政権とネオリベラル改革

が進出していた。アジェンデ新大統領は就任後、直ちに外資が支配する大企業を国営化した。チリの重要な輸出品である銅を産出する鉱山もアメリカ資本に支配されていたが、アジェンデ政権はその銅鉱山も国有化した。同時に農地解放も実施し、土地の再配分を行った。このような社会主義的改革によって、国を富ませ、貧富の格差を縮小させる計画であった。またアジェンデ政権はキューバやソ連とも友好関係を結んだ。

　この自由選挙で合法的に成立したアジェンデの社会主義政権が断行した改革に対して、ニクソン米大統領は、「チリがもう一つのキューバになる」と発言し、クーデターを画策し、政権の転覆を狙った。アメリカの多国籍企業は、米政府の力を利用しアジェンデを失脚させるために秘密計画を企て、アメリカの対チリ政策の立案に関与した。しかし選挙後、同政権を揺るがすことはできず、むしろアジェンデ支持が増大するほどになっていた。

　当時、アメリカが政権転覆する実行可能なモデルは、1960年代に起こったブラジルとインドネシアの2つの事例があった。

①1964年のブラジルのクーデター

　ブラジルでは貧困層に手厚い支援を行った政権を1964年に転覆させ、ブロンコ将軍による親米軍事政権を成立させた。新政権は平和裡に体制を転換しようと、限定的であるが言論の自由や集会の自由など民主主義の形をとった「紳士的なクーデター」に努めた。また、緊縮財政、国営企業の払い下げ、公務員の削減を行い、ブラジルを外国資本に開放した。そのため、倒産する企業が増大した。

　一方、学生を中心とする市民は大企業を優先する経済政策に反発し、1968年には軍事政権に反対するデモが街を埋め尽くした。追い詰められた軍事政権は、それまでの戦術を大幅に転換し、市民に対する弾圧を開始し、拷問や殺人が日常的となった。ブラジルは親米軍事独裁政権がゆるやかに漸進的に改革を進めようとしたが失敗し、結局市民に対して抑圧的な弾圧を行わざるを得なかった事例である。

　ちなみに、1964年に起こったブラジルのクーデターとその後の軍事政権に

よる抑圧的傾向は、ブラジル社会に暗い影を落とし、ブラジルの代表的な音楽である明るく、穏やかで、享楽的なボサノヴァの退潮をもたらした。[1]

②1965年のインドネシアのクーデター

　もう一つの事例は1965年のインドネシアの軍事クーデター（9・30クーデター）である。第２次世界大戦後オランダから独立したインドネシアは、初代大統領スカルノによって統治されていた。スカルノは民族主義者であり、自国経済の保護を第一にあげ、富の再配分を図った。IMFや世界銀行は欧米の多国籍企業の代弁者であると考え、IMFと世界銀行から脱退するほどであった。彼は共産主義者ではなかったが、共産党とは緊密な連携をとっていた。

　そのため米英両政府はスカルノ政権打倒へと傾き、CIAにスカルノを排除するように指令したともいわれ、9・30クーデターの後、CIAの支援を受けたスハルト将軍が政権打倒と左派一掃のために動き始めた。CIAから渡された共産党関係者の「殺害リスト」に従って左翼殲滅作戦を行うほかに、地方の農村でも反対派の大量殺人を行った。スハルトは民衆の抵抗運動が起きる前に大規模な弾圧を先制的に行い、政権奪取に成功した。

　このスハルトによる軍事クーデターと政権奪取の成功によって、鉱物や石油の天然資源が豊富なインドネシアにおいて、新政権下で外国企業が鉱物・石油などの天然資源を100％所有することを許可する法律を成立させ、インドネシアの天然資源（銅、ニッケル、ゴム、石油）は外国資本に支配されることになった。このように夥しい市民が犠牲になる「ショック療法」によって、米国資本は利権を確保した。

　以上のように、1964年のブラジルと1965年のインドネシアのクーデターを比較し、1964年のブラジルで起きた「紳士的」なクーデターではなくて、1965年のインドネシアで一気に反対派を弾圧する「ショック療法」的な作戦が、チリでの政権奪取の模範となった。

第3章　1970年代の南米の軍事政権とネオリベラル改革

第4節　ピノチェト軍事政権下のネオリベラル改革

（1）軍事クーデター

　チリのアジェンデ政権の転覆を企てる軍事クーデターは、1973年9月11日（偶然にも、もう一つの9・11事件である）、アウグスト・ピノチェト将軍が率いる軍隊によって引き起こされた。大統領官邸への襲撃は、戦闘機による爆撃や戦車からの砲撃など戦争さながらとなった。アジェンデ大統領は武装防衛隊を組織することを拒んでいたため、クーデターが起きたとき、大統領府を防護する部隊がないまま、クーデター側から一方的に攻撃を受け、爆弾やロケット弾が打ち込まれた。アジェンデは「アジェンデは降伏しない。チリは降伏しない」と宣言し降伏することを拒み、徹底抗戦する道を選び自らも銃を取り応戦。戦闘後、黒煙をあげて炎上する大統領府から、死亡したアジェンデの遺体が運び出された。大統領側近たちも路上でうつ伏せにされ、ライフル銃を突きつけられ連行された。このように米国は、CIAの秘密工作によるクーデターでアジェンデ政権を転覆し、ピノチェト軍事独裁政権を樹立させた。

　クーデターの直後に戒厳令が敷かれ、アジェンデ派と目された市民は容赦なく逮捕、虐殺された。大学は軍事統制下に置かれ、思想統制のために社会主義思想関連の書物などは焚書の対象となり燃やされた。ピノチェト政権下では、多くの左翼の人々が誘拐され「行方不明」となったり、拷問を受けたりした。

（2）シカゴ・ボーイズの経済改革

①1973年から1980年代中頃まで

　ピノチェトは、アジェンデ政権による社会主義的な政策を覆し、一部の特権的な企業家に利益をもたらす改革を行った。その際、採用されたシカゴ・ボーイズによるネオリベラルな経済政策は、自由市場経済の信奉者からは「チリの奇跡」と賞賛された。特にロナルド・レーガンがアメリカの大統領

に就任した1981年には、4年連続みごとな経済成長を遂げていたチリがビジネス誌などで賞賛された。

しかし、1977年から1980年までの経済成長に至るまでの過程には相当の痛みが伴った。

シカゴ・ボーイズは、ピノチェトの強権政治のもと、アジェンデ政権の手厚い福祉国家に市場原理を持ち込むことによって解体した。1974年には通貨（ペソ）切り下げを行い、国家予算を減らし、輸入関税を下げ、財政赤字を削減した。インフレ率は375％に上昇し、実質賃金は大幅に低下し、失業率は増加した。チリ経済は、同時期に発生した石油ショックによる石油価格の急騰とそれによる世界の景気後退によって、同国の主要輸出品である銅輸出収入の低下がチリ経済に打撃となった。

軍事政権が最初に手掛けた政策のひとつに学校での牛乳の配給停止があったため、子どもたちのなかには栄養失調のため授業中に倒れる生徒が増えた。

そのような状況下、1975年にはどんな犠牲を払ってもインフレを撃退し成長を促進するとして、「ショック療法」（コラム3．3参照）が採用された。政府の予算はさらに27％削減された。それは対GNP比で1973年のレベルから半分近くまで減る大幅な削減であった。公共投資も削減され、1974年から1979年まで13.9％減少した。最も削減されたのは医療と教育の分野であった。マネーサプライも大幅に減少させ、金利の自由化、銀行の規制緩和によって海外からの投資に有利な条件を整えた。輸入関税の平均は1976年の30％から、1979年には一律10％に低下した。

この結果、1975年にGNPは13％も低下し、1976年に工業生産は28％減少し、失業率は16.8％に上昇した。このシカゴ・ボーイズらによる改革は国民にたいへんな犠牲を強いた。

1979年からは社会により一層の自由化を促進する改革が行われた。すなわち、健康保険や社会保障の民営化へ舵が切られた。

1980年にはチリの主要な250の民間企業の総資産の半分以上は5つの大資本系列の傘下に入れられ寡占化が進行し、これにより2つの大資本グループがチリの銀行資本の42％、貸付の60％を占めるほどになった。しかもこの2

第3章　1970年代の南米の軍事政権とネオリベラル改革

大資本グループが健康保険や年金の民営化に伴い、チリの労働者の貯蓄の半分を運用するようになった。こうしてアメリカ金融資本がチリの金融を支配したのである。

1977年から1980年までの4年間の経済成長率は32%、それによる信用拡大によって消費ブームが起こり、外国産自動車、カラーテレビ、繊維製品など高級・高額な輸入品が市場にあふれた。これらのブームは海外からの貸付と投資の増大によって引き起こされ、結果、対外債務は急増した。しかし1981年になってもペソの為替レートを米ドルに固定し続けたため、安い輸入品が大量に流入し国内の製造業はより大きな打撃を受けた。

ペソ高を調整するため、ついに1982年4月にはペソの切り下げが行われた。この突然のショックは、国際市場での銅価格の下落（世界市場の4割弱を占める）と、米国の高金利政策という海外からのショックも加わり、1982年チリの経済成長率はマイナスに転じ、−14.2%となった。1982年は世界的に景気が悪化した年であったが、他国と比べてもあまりにも急激な変化であった（Constable 1991）。

シカゴ・ボーイズによるネオリベラル改革は当初痛みを伴い、民営化による資本流入に伴う一時的な景気回復がみられても、またアメリカの高金利政策の時代には再び通貨切り下げの痛みを伴い、結局全体としては、シカゴ・ボーイズの経済政策を実施した期間（1975〜86年）にGDPの成長はみられず、1人当たりの消費は15%低下し、失業率は4.8%から14%に上昇し、貧困率も上昇した。

1975年公共支出は27%削減され、その後も削減され続け、1980年にはアジェンデ政権下の半分にまで切り詰める緊縮財政が行われた。また、クーデター以後の10年間でチリの公務員数は70万人から55万人に削減された。

500近くの国営企業および銀行は民営化され、ただ同然で売却されたものも少なくなかった。また関税障壁を容赦なく撤廃したので、1973年から1983年までに工業分野で17万人以上の職が失われた。国内製造業は破壊され、製造業の経済に占める割合は第2次世界大戦中のレベルまで低下した。

②1980年代半ば以降の政策転換

　ピノチェトは、1973年から17年間権力の座にあったが、シカゴ・ボーイズがショック療法を実施してから10年後の1980年代半ばには政策転換せざるを得ない状況に陥った。1982年には米国の高金利政策の影響を受け、しかも銅価格の低下により対外債務は拡大し、超インフレに直面した。失業率は30％にまで跳ね上がった。この状況はあまりにも深刻であったために、ピノチェトは一転、アジェンデがかつて行ったと同じように、民営化した企業を次々に国営化するはめに陥った。

　こうした政策転換により政府の要職についていたシカゴ・ボーイズの大半は失職し、ネオリベラル政策は放棄され、ケインズ政策へと軌道修正されることとなった。1980年代初頭に「チリの奇跡」として賞賛されたネオリベラル改革も、このようにピノチェト政権下で行き詰まりを見せ、その矛盾を露呈してしまったのである。

　ピノチェト軍事政権にとって財政難の折に最も重要な収入源となったのが、アジェンデによって国有化された銅鉱山であったのは皮肉である。アジェンデは外国資本が経営する企業を接収して国営企業とした。ピノチェトは権力掌握後、そのほとんどを民営化したが、例外的に銅鉱山だけは売却しなかったのである。

　かつてピノチェト軍事政権下になる前のチリは先進国のレベルに近づきつつある豊かな国であったにもかかわらず、1970年代および1980年代に経済は停滞してしまった。しかもこの改革によって貧富の格差が拡大した。1988年には45％の国民が貧困ライン以下に落ちたのに対し、上位10％の富裕層の収入は83％も増大した。1980年代末には、チリは世界でも最も貧富の格差が激しい国の一つとなった。

　フリードマンは、2006年に94歳で死亡した。ピノチェトも1998年、ロンドンで殺人・誘拐の罪で起訴されたが、紆余曲折の末、結局釈放され、帰国後、裁判中の2006年に死亡した。

第 3 章　1970 年代の南米の軍事政権とネオリベラル改革

コラム 3.3　ショック・ドクトリン

　1973 年に起きたチリのクーデターは、カナダのジャーナリストであるナオミ・クライン（Klein 2007）によれば、「ショック・ドクトリン」の典型的な事例である。「ショック・ドクトリン」とは、未曾有の災害や危機の時こそ、市民がこのショックから立ち直らないうちに、市場経済に移行させるために国家の資産を売却し、資本主義の原理主義的実現をドラスティックに、しかもすみやかに推し進める千載一遇のチャンスだとする戦略である。

　「ショック・ドクトリン」はこれまでも歴史的に世界各地で行われてきたが、このチリでのピノチェトによる軍事クーデターによって引き起こされた危機的な混乱状況を利用して、シカゴ・ボーイズによる通常時にはできないようなネオリベラリズムによる改革が一気に断行された最初のモデル・ケースとなった。

　2005 年に起きた米・ニューオリンズでのハリケーン・カトリーナによる災害でも、電気などインフラが復旧するとすぐに、公立学校の民間への売却をめぐってオークションが開始された。123 の公立学校が、カトリーナ後に残ったのは 4 校だけであった。公立学校の教員は、それまで労働組合に所属していたが、その後、労働組合は廃止され、組合員は解雇された。

　「災害はまたとない市場のチャンス」とミルトン・フリードマンは考え、「教育土地収奪計画」を立て、ニューオリンズをアメリカの最先端のチャータースクールを広める実験場とした。当然のこととしてそこでは成果主義が求められた。後に、ミルトン・フリードマンは「ルイジアナ州の学校改革で遅々として実行できなかったことを、カトリーナは 1 日でやって遂げた」と述べた。

　チャーター・スクールは、自治体から補助金を受けて、非営利団体または民間企業が学校運営を委託される。一定の成果が達成できないと、契約更新ができない。ニューオリンズで公立学校からチャーター・スクールに変わった途端、生徒の標準テストの平均点が急上昇した。チャーター・スクールの教育・指導が良いから思われるかもしれないが、その背後で、自主退学や退学させられた生徒が激増していた。退学した生徒は、学校になじめない成績も悪い生徒たちだった。

　ニューオリンズでは、ハリケーン後に公営住宅が廃止となり、貧困層の居住できる住宅がなくなった。公営住宅の跡地は、家賃の高い高級集合住宅に建て替えられた。

　2003 年のイラク戦争では、アメリカ軍のイラクの占領も、ショック・ドクト

リンに基づき、急激なネオリベラル改革を実施した、とナオミ・クラインは述べている。軍事的占領の直後に、民営化、貿易の自由化、15％の均一税率の導入、政府機能の大幅な縮小を一挙に断行した。

第5節　アルゼンチンの軍事クーデター

（1）1976年のクーデター前の政権

　アルゼンチンでは1976年、イザベル・ペロン大統領に代わって、ホルヘ・ラファエル・ビエラ将軍らによるクーデターで軍部が権力を握った（1976～83年）。アルゼンチンが軍事政権の手に落ち、これによって、かつて開発経済学のモデル・ケースと称賛されたアルゼンチン、チリ、ウルグアイ、ブラジルといったすべての諸国において、アメリカの支援を受けた反共の軍事独裁政権が権力を握ることとなった。これらの軍事政権は、シカゴ学派の経済理論の実験場を提供した。

　アルゼンチンでは第2次世界大戦中から、労働者により支持された民族主義者のフアン・ペロンが率いる正義党（ペロン党）と、アメリカ資本および寡頭支配層の利益を代表する政党との間で、激しく対立する構図が続いていた。アルゼンチンでは第2次世界大戦中から戦後にかけて、ペロンが政治家として労使協調型の労働運動を支持し、労働組合を保護したので、労働者からは圧倒的な支持を得ていた（ただし共産党などの極端な労働運動は弾圧するという一面もあった）。ペロンは電話会社、中央銀行、鉄道会社などのイギリス系（1900年にアルゼンチンの外国投資の81％はイギリス資本であった）やアメリカ系の外資系企業を国営化し、貿易の国家統制を推し進めた、民族主義的な政治家であった。彼は大学の授業料を無償化し、医療も無償化した。労働者を保護し、有給休暇が標準的となった。当然ながらアメリカ資本や地主階級などの富裕な寡頭支配層の利害とは対立した。

　第2次世界大戦中は、国土が戦場となり食糧不足に陥ったヨーロッパ各国に牛肉を輸出し、アルゼンチンは外貨を稼いだ。戦争が終わり、1950年代に

入ると復興したヨーロッパでも牛肉を自給できるようになり、ヨーロッパで牛肉が売れなくなると、アルゼンチン経済は衰退し始めた。そんななか軍事クーデターも発生し、大衆から支持されるペロン派と親米の寡頭支配層との間の亀裂が明確となり熾烈な政権抗争となった。その対立の構図はアルゼンチンの政治的不安定要素となり、現在に至るまで続いている。

1955年の軍事クーデターによりペロン大統領は追放された。新大統領の政権下でペロン支持者への大弾圧が行われ、賃上げは抑制され、経済拡大のために外国資本の導入が図られた。1960年代末からはペロン派を含む左派ゲリラの活動が激しくなった。

1973年から1976年に、正義党（ペロン党）が復権した。スペインに亡命していたフアン・ペロンは78歳で帰国し、3度目の政権についた。しかし彼は1974年に死亡し、後を継いだ妻のイザベル・ペロンの政権も弱体化した。フアン・ペロンの支持者を母体とした正義党は、労働者に支持され続けているが、労働運動に対するアメリカ資本とエリート階級の反撃が、1976年に軍事クーデターという形で現れた。

（2）1976年からの軍事政権期

1976年の軍事クーデターの前に、アルゼンチンの軍人らはチリやブラジルの軍事政権とも接触し、段階的な改革の概要を作成した。アルゼンチンの軍事政権は1973年のチリのクーデターに対して向けられた国際的な抗議運動を回避するために、国民を抑圧する戦術を控えめにする必要があった。チリではピノチェトは弾圧する手段として処刑した者を「行方不明」とする戦術をとるようになるが、アルゼンチンの軍事政権も拉致し拷問し殺害するなどした後、「行方不明」とする戦術を最も多くとるようになった。この軍事政権下での行方不明者は3万人と推定されている。

拉致され行方不明となった者は、当時左翼思想に傾倒していた学生などの若者が圧倒的に多く、そのなかには妊娠している女性も多かった。拉致された女性が出産した子どもたちは、エリート階級の養子として引き取られることもあったが、出産後、その女性たちは殺害された。

この実際にあったエピソードに基づき製作されたのが、アルゼンチンの映画『オフィシャル・ストーリー』(1985) である。あらすじは、次のようになっている。子どもに恵まれなかったエリート階級の夫婦が養子をもらい育てるようになる。実業家の夫はどのような経緯でその養子を得たのかを、高校教師の妻には知らせていなかった。やがて妻は行方不明者を探す母親の運動に参加している人と接触するようになり、自分たちの養子が拉致された若者の子どもであることが次第に明らかになっていく。妻は子どもを祖母に返し、夫とは離婚して映画は終わる。
　当時の市民は、軍事政権下による拉致・拷問・殺害の実態を十分に知らされていなかった。かつてナチス・ドイツの時代にユダヤ人が連行され、殺害されていったことを一般の大衆は知らなかったことと似ている。
　アルゼンチンの軍事政権にも、シカゴ・ボーイズが経済分野の要職につき、ネオリベラル改革を次々に行った。ストライキを禁止し、雇用主に労働者を自由に解雇する権利を与えた。また価格統制を廃止したので、食糧価格が急騰した。これまで国有化してきた何百もの国営企業を売却した。外国資本の出資制限も撤廃し、外資の進出を支援し、積極的に外国からの投資を呼び込んだ。
　しかし、アルゼンチンの軍事政権のネオリベラル実験は、チリの軍事政権ほどには徹底して踏み込まなかった。たとえば石油資源や社会保障まで民営化することはなかった。後に1990年代になって、アルゼンチンでは石油資源や社会保障を民営化した。
　1982年、軍事政権は経済政策の失敗のなか、民衆の間に高まってきた不満をそらすためフォークランド紛争（マルビナス戦争）を起こしたが、それが政権の命取りとなった。
　1982年3月、アルゼンチン軍はイギリス領のフォークランド諸島を占領し、当初国民からも熱狂的に支持されたが、イギリスが本格的に反撃に出たため軍事力に劣るアルゼンチンは敗れ（同年6月）、翌1983年6月、軍事政権は終わりを告げた。
　1976〜1983年の間に軍事政権によって行われたいわゆる「汚い戦争」は、

国家テロであった。左派ゲリラの取締りを名目として、労働組合員、政治活動家、学生、ジャーナリストなどが拉致、拷問、殺害され、3万人が死亡または行方不明となった。2005年に最高裁判所は軍政下の犯罪を不問とする恩赦法に違憲判決を下し、それ以降関与した軍人に対する有罪判決が相次いだ。

アルゼンチンのカトリック教会も批判に晒された。カトリック教会は組織として寡頭支配層と軍部の体制側につき、拉致、拷問、殺害に対して何ら反対行動をとらなかった。一部の司祭・司教は軍事政権を批判し殺害された者もいたが、大部分の教会関係者は口を噤んだままだった。この点もナチス・ドイツ時代の様相と似ている。

(3) コンドル作戦とアメリカの関与

南米のいくつかの諸国では、1970年代に右派軍事独裁政権になっていた国のほとんどで、シカゴ・ボーイズはそれらの政権に加わりネオリベラル改革を行った。軍事クーデターによって成立した軍事独裁政権のもとで、その市場志向型の改革が実施され、しかもその過程で人権侵害を伴う残虐な弾圧も伴ったという悲惨な歴史的共通点がある。

1970年代半ばには、南米南部地域の軍事政権によって反対派を誘拐し殺害することが暗々裏で行うのが第一の選択肢となっていた。ウルグアイの軍事政権もアルゼンチンと同様な戦略を使った。しかもチリ、アルゼンチン、ウルグアイなどの右派軍事政権は、反体制活動家が近隣諸国に逃げ込むと、アメリカ政府から提供された最先端のコンピューターシステムを駆使して「危険分子」に関する情報を共有し相互に協力した。これは「コンドル作戦」と呼ばれる。そのほかCIAが関与し軍事訓練や拷問技術を伝授した、などの事実が明らかにされている（Klain 2007）。

アメリカはネオリベラル改革を推進するだけでなく、その過程で米軍やCIAが軍事的に関与していた。これが経済的支配と軍事的支配が密接な関係にあるアメリカの帝国主義的拡張の実像である。

コラム 3.4　1970年代のエコノミック・ヒットマン

　ラテンアメリカや中東などの諸国では、民間企業に籍を置きながら、アメリカ資本に有利な政策をとるように政治に働きかける「エコノミック・ヒットマン」と呼ばれる人物が秘密裏に活動している。次に紹介する本では、そんな実態を垣間見ることができる。

　『エコノミック・ヒットマン―途上国を食い物するアメリカ―』と題された邦訳本は、ジョン・パーキンスの告白本である。「エコノミック・ヒットマン」とは、「経済的な殺し屋」の意味である。

　彼は1970年代に主にラテンアメリカや中東で、民間コンサルタント会社のエコノミストという肩書きで国際開発援助を担当し、世界銀行やUSAIDなどの債務の貸し付けを通して開発プロジェクトを計画した。陰では「エコノミック・ヒットマン」としてアメリカの商業利益のために各国の指導者を、賄賂、脅し、不正、選挙の裏工作、女、殺人などを駆使して己が陣営に取り込む任務を果していた。

　彼は、ラテンアメリカではエクアドル、パナマ、コロンビアでプロジェクトを担当した。中東でも任務を行い、1979年のイラン革命にも遭遇し危機一髪のところで命拾いしたエピソードも書かれている。エクアドルにはアメリカの石油資本が進出しており、パナマではパナマ運河がアメリカの支配下にあった。著者は現地に進出しているアメリカ資本の利益のために、各国の指導者を籠絡させる任務を帯びていた。この本のなかで外国政府に働きかける秘密工作の内幕を暴露している。

　各国の指導者の大半は、このような工作員に取り込まれるが、例外的な2人の指導者がいた。

　そのひとりは、パナマのオマル・トリホス将軍（1968～81年）であった。彼は民族主義者で国民の支持を集め、アメリカに占領されていたパナマ運河の主権の回復のために、アメリカのカーター大統領と交渉し、1977年にパナマ運河の返還を約束する条約の締結に成功した。この条約に基づき、パナマ運河は1999年にパナマに返還されるに至った。トリホスは人間愛に満ちたカリスマ的な指導者で、国境を越え、派閥を越えて尊敬されるようなリーダーだった。パーキンスも人間的にはカリスマ性のあるトリホスに魅了されつつも、エコノミック・ヒットマンの任務を執行するために、トリホス将軍を取り込む努力をおしまなかった。しかし最後まで彼を取り込むことはできなかった。トリホスは

愛国者であり、賄賂には動じなかったのである。

　彼が尊敬したもう一人のリーダーは、エクアドルのハイメ・ロルドス大統領であった。エクアドルは日本ではバナナの輸出国として知られているが、この国は歴史的にアメリカに操られる右派独裁政権が続き、その下で国民は忍従を強いられてきた政情不安的な国であった。そのような歴史的に代々親米独裁政権が続いてきた国で、1978年に、貧困層の権利を代弁し、大衆の意思を重んじる民族主義者であるハイメ・ロルドスが大統領に選出された。彼はアメリカの石油資本から自国の石油資源を守る強固な愛国主義の立場を貫いた。パーキンスはロルドスを取り込む任務にも成功しなかった。

　この原書の英語の題名は"Confession（告白）"という。パーキンスはニューイングランドの故郷で幼いころに教会学校で祈った信仰が蘇り、エコノミック・ヒットマンとして自分の犯した罪を悔い改めた。これは懺悔の書である。

　彼が1980年にその仕事を辞めた後、彼が個人的に尊敬する2人の人物、パナマのトリホスとエクアドルのロルドスは、1981年にあいついで「飛行機事故」で死亡した。彼らのようなエコノミック・ヒットマンに取り込まれなかった愛国者としての政治家は、最後は「ジャッカル」と呼ばれる殺し屋に暗殺されることになっていた。

　彼の著書の詳細な真偽に関して議論があるものの、米国資本のために秘密裡にエコノミック・ヒットマンが働いている事実を、多くの人々は知らない。本書でアメリカ帝国主義の闇の実態の一部を垣間見ることができる。妨害を受けて出版するまで時間がかかったが、2004年に出版された本書はニューヨーク・タイムズのベストセラーリストに73週もとどまった。

第6節　カーター政権の人権外交からレーガン政権の反共主義への移行

　1976年のアメリカの大統領選挙で、民主党のジミー・カーターが勝利した。その背景には、ベトナム戦争の終結やウォーター・ゲート事件などの混乱があった。1973年に泥沼化したベトナム戦争から米軍が撤退し、1975年にはサイゴン（現ホーチミン市）が陥落することによってベトナム戦争は終結した。また民主党本部盗聴事件として知られるウォーター・ゲート・スキャンダルが発覚し、1974年にニクソン大統領が辞任に追い込まれた。

この頃のアメリカ国内には政府に懐疑的で批判的なメディアと議会が多数派を占めていた。チリのクーデターにおけるCIAの関与にしても、上院がフランク・チャーチ上院議員を委員長とする特別委員会を設置し調査させた。そして、そのチャーチ委員会は報告書を提出した（U.S. Senate Select Committee 1975）。その報告書によって、チリばかりでなく広く第三世界で、CIAが秘密裡に政府転覆に関与していることが明らかとなり、マフィアとの関係が取り沙汰された。またCIAが外国の政治的要人の暗殺を手がけ、暗殺のためのダート銃に使う貝毒などの毒物を保持し、また、拷問のためのLSDなどの化学物質を不適切に使用・保存してきたことも報告された。その他、CIAは合法的な政治活動に参加した市民に対して監視活動を行い、プロパガンダのためにマスコミの記者・レポーターを買収している、などの事実が明らかとなった（U.S. Senate Select Committee 1976）。「国家安全保障」の名で、このような不正が行われていることが発覚し、米国政治に激動が走った。

　このような政治状況のなかで1977年１月、非エリートのジミー・カーターが新大統領に就任した。カーター大統領は、これまでのアメリカとは違い、人権外交と民主主義政策を掲げた。カーターはラテンアメリカでの自由選挙を奨励し、軍事政権から文民政権への道を開いた。たとえば、ボリビアでも自由選挙によって、1978年に軍事政権から文民政権へ移行した。カーターは米国の安全保障が直接脅威にさらされていなければ、ラテンアメリカ諸国に介入することに反対だった。カーターは人権を重視し、米国議会はグアテマラの軍事政権への武器売却を禁止した。チリやアルゼンチンなどの軍事独裁政権下で起きた人権侵害に対しても厳しく対応し、対外援助を打ち切った。カーターによるこの人権外交の影響で、アルゼンチン、チリ、ウルグアイなどの軍事政権下での行方不明者数は1979年までには大幅に減少した。カーターはラテンアメリカ関連では、まずパナマ問題を優先した。カーターとオマル・トリホスは、1977年にパナマ運河を2000年にパナマに返還する条約に署名した。

　しかしカーター政権の最後の２年間は、米ソの冷戦のデタント（緊張緩和）が終結し、米ソ間の緊張が高まった時期となった。1979年、ニカラグアでは

独裁者アナスタシオ・ソモサ・デバイレが排除され、キューバの支援を受けたサンディニスタ民族解放戦線が軍事的に勝利し、社会主義政権が成立した。カーター大統領も議会も、ニカラグアのこの革命が中米やカリブに広がるのを懸念した。同時期にエルサルバドルでは内戦が悪化していた。1979年にはカリブ海の小さな島、グレナダでも親ソ連でキューバ派のニュージュエル運動（NJM）がクーデターを起こし、政権を掌握する革命が起きていた。

1979年1月にはイランで革命が起こり、その影響で第2次石油ショックが起きた。同年11月にはイランの米国大使館人質事件も起き、その1ヵ月後、ソ連軍がアフガニスタンに侵攻した。こうした状況下、カーターは「弱腰」と批判され、人質事件の解放も遅れ、1980年の大統領選挙で共和党のロナルド・レーガンに敗北した。

1981年に就任したレーガン大統領は、カーターとは対照的に、ソ連およびキューバの社会主義勢力に対する対抗姿勢を強め、ラテンアメリカのアメリカに友好的な軍事独裁政権、たとえば、チリのピノチェトやアルゼンチンの軍事政権を擁護した。

レーガン政権は「マルクス主義者」のサンディニスタがニカラグアを乗っ取ったとして、反サンディニスタのゲリラ部隊であるコントラに資金援助をした。エルサルバドルでは右派政権が、ソ連やキューバから支援されているマルクス主義の反政府ゲリラによって転覆させられることを危惧し、エルサルバドルへの軍事援助を増加した。

しかし「偉大なコミュニケーター」と呼ばれたレーガンでも議会に中米における脅威をうまく伝えることができなかった。1986年10月には、米軍人であるオリバー・ノース中佐がイランへの武器売却によって得た利益で、コントラに武器を供与していたことが発覚した。この「イラン・コントラ・スキャンダル」によってレーガンへの国民の信頼に傷がついた。

カーターの人権外交の時代はアメリカの対外政策の例外的な時代で、レーガンの時代には中米のニカラグアやエルサルバドルで米ソ冷戦の代理戦争の様相を帯びた内戦が続いた。

アメリカ政府はラテンアメリカを裏庭と位置づけ、アメリカ資本の支配を擁護し、政治的に、時には軍事的に介入してきた。1970年代のラテンアメリカでは、アメリカは親米軍事独裁政権を樹立させて内政干渉を試みている。チリやアルゼンチンの軍事独裁政権下においてネオリベラル経済改革が行われた。一方、1970年代末に中米では米ソの代理戦争が起こった。いずれもアメリカ資本やアメリカ軍やCIAの支配下で国民は辛酸をなめさせられた。

【注】
1 ボサノヴァの代表的音楽家のなかには、セルジオ・メンデスのように、ブラジル国外に退避をする者も現れた。
2 ロルドスは福音派の伝道集団SILが石油会社と共謀していると公然と批難した。SILは先住民族の言語を研究するという目的で活動していた。ある先住民族の居住地に石油が埋蔵されていることがわかると、SILは先住民を居留地への移住を勧めた。SILは下剤を混入した食物を先住民に与えたうえで、次に下剤の治療薬を提供した。無線発信機を隠したバスケットに食糧を入れて先住民に提供し、通信基地でその音声を受信し、誰かが重病になったりしたら、適切な薬剤をもって駆けつけた（パーキンス 2007, pp.233-235）。
3 「オペレーション・モッキングバード」は、CIAが1950年代に開始したニュース・メディアをプロパガンダ目的で操作するプログラムである。このプログラムを通してCIAは学生、文化組織、雑誌などにも資金を提供した。1976年4月のチャーチ委員会報告書で、「オペレーション・モッキンバード」には言及していないが、CIAが米国内だけでなく海外にもジャーナリストのネットワークをもっていることが報告されている。チャーチ報告書が公表される前に、CIAはプロパガンダ目的でのジャーナリストの利用を制限し始め、1976年、CIA長官ジョージ・H・W・ブッシュ（父）は、ジャーナリストといかなる金銭的あるいは契約的関係を結ばないことを発表した。

【文献リスト】
Constable, Pamela and Arturo Valenzuela (1991) A nation of enemies: Chile under Pinochet, W.W.Norton & Company.
Friedman Milton and Anna Schwartz (1963) A monetary history of the United States, 1867-1960, Princeton University Press.（ミルトン・フリードマン, アンナ・シュウォーツ共著、久保恵美子訳『大収縮1929-1933「米国

金融史」第7章』日経BPクラシックス，2009年)
Grandin, Greg (2006) Empire's workshop: Latin America, the United States, and the rise of the new imperialism, Metropolitan Books.
Klein, Naomi (2007) "The shock doctrine: the rise of disaster capitalism", Metropolitan Books. (ナオミ・クライン著, 幾島幸子・村上由美子訳『ショック・ドクトリン―惨事 便乗型資本主義の正体を暴く―』岩波書店, 2011年)
Perkins, John (2004) Confessions of an economic hit man, Berrett-Koehler Publishers (ジョン・パーキンス著, 古草秀子訳『エコノミック・ヒットマン―途上国を食い物にするアメリカ―』東洋経済新報社, 2007年)
U.S. Senate Select Committee (1976) Foreign and military intelligence: Final report of the select committee to study governmental operations with respect to intelligence activities, United States Senate, together with additional, supplemental, and separate views. https://archive.org/details/finalreportofsel06unit
宇沢弘文（2017）『人間の経済』新潮新書
中山智香子（2013）『経済ジェノサイド―フリードマンと世界経済の半世紀―』平凡社新書
歴史的記憶の回復プロジェクト編, 飯島みどり・他翻訳（2000）『グアテマラ 虐殺の記憶』岩波書店

第4章 1980〜90年代の南米で展開されたIMF「構造調整プログラム」と2000年代の反動

　1980年代のラテンアメリカは債務危機に陥り、海外からの資本流入が止まり、ハイパーインフレで苦しみ、長い不況の「失われた10年」を経験した。債務危機を脱するためにIMFと世界銀行が、融資条件として「構造調整プログラム」と呼ばれるネオリベラル改革の実施を要求した。本章では、アルゼンチン、ボリビア、ペルー、ベネズエラなどの事例を取り上げた。ラテンアメリカではほとんどの国が、ネオリベラルな年金改革も実施している。公的年金制度を民営化したのである。

　第1節では、1980年代にアメリカやイギリスでサプライサイド・エコノミーが台頭したことを述べる。第2節で「構造調整プログラム」について検討し、第3節〜第6節までは、アルゼンチン、ボリビア、ペルー、ベネズエラ、エクアドルの「構造調整プログラム」について論じる。第7節ではラテンアメリカのインフレ、ドル化、年金の民営化を考察し、第8節では、2000年代になって、(中道左派も含めて) 左派政権が多く成立した動向を分析し、第9節では、最近の右傾化傾向を論じた。

第1節　1980年代のサプライサイド・エコノミー

　1980年代初頭、アメリカのロナルド・レーガン大統領（1981〜89年）とイギリスのマーガレット・サッチャー首相（1979〜90年）は、新しい経済政策を導入した。それはすべてを市場に任せるというネオリベラリズム（新自由主義）である。それは強い者が勝ち、弱い者が淘汰される弱肉強食の市場原

理であり、効率性を重視するものであった。これまでの有効需要を政府の公共投資で増大させ景気を刺戟するケインズ主義的経済学が否定され、大企業の利益を優先するサプライサイド・エコノミーが重視されるようになる。それに伴い規制緩和、民営化が推進され、福祉、教育、医療の予算は削られ、「小さな政府」が指向された。

　イギリスのサッチャー首相は、市場原理主義者のミルトン・フリードマンの影響を受け、規制緩和や民営化を実施した。カナダのジャーナリストのナオミ・クラインによれば、サッチャーにとってフォークランド紛争は、フリードマン流のショック・ドクトリンに沿ったネオリベラル改革を断行するためのこのうえもないチャンスとして利用された事例の一つであったという。

　サッチャーの第1期目はシカゴ学派の経済プログラムを本格的に実施できる状況になかった。1982年に失業率やインフレ率が上昇し、サッチャーの支持率も大幅に低下し、サッチャー政権のネオリベラル改革は暗礁に乗り上げていた。

　そんな折、1982年4月、フォークランド諸島がアルゼンチン軍によって侵攻された。実は、それまでサッチャーはフォークランド諸島への補助金や、警備する海軍の予算を大幅に削減していた。それをアルゼンチン政府はイギリスが手放すメッセージと受け止めたようであった。

　サッチャーは反撃するために戦闘態勢を取り、艦隊や爆撃機をフォークランドに派遣した。イギリス国内は一転して戦争ムードとなり、このフォークランド紛争でサッチャーは勝利し、「鉄の女」のあだ名は軽蔑から賞賛へと変わった。支持率も急上昇し、翌年の選挙での大勝利への道を開いた。

　第2期目になってサッチャーは炭鉱労組のストライキを容赦なく鎮圧し、多数の負傷者を出した。サッチャーはフォークランド紛争と炭鉱ストでの勝利を利用して、急進的な経済改革を前進させた。1984年から1988年までに電話・ガス・航空・鉄鋼や空港公社などの国営企業を民営化した。ブリティッシュ・ペトロリアム（BP）の株も売却した。国立大学の補助金を減らし、研究費も大幅削減した。サッチャーの第2期目は、選挙戦ではネオリベラル改革は強調されなかったものの、ドラスティックなネオリベラル改革を実施

してみせた。

　1990年代には冷戦が終結し、旧ソ連と東欧では、社会主義体制の崩壊と、それに伴う市場経済への移行により、急激な民営化による改革が行われた。一方、イギリスの労働党やアメリカの民主党も伝統的な路線を変更して、労働者階級よりも中間所得階級から支持されるように、自由市場経済を推進する中道路線をとり、選挙に勝利した。イギリスの労働党のブレア政権やアメリカの民主党のクリントン政権も、ネオリベラル改革を推進した。

第2節　ラテンアメリカの構造調整プログラム

（1）1970年代の資本流入期と1980年代の「失われた10年」

①1970年代後半の資本流入

　1973年の石油ショック後の不況に、ペトロダラー（オイル・ダラー）が米国やイギリスの銀行にあずけられ、ダブついたドルの融資先が国内に見つからず、発展途上国に貸付を積極的に行うようになった。ラテンアメリカやアフリカの発展途上国は、この時期にペトロ・ダラー（オイル・ダラー）によって銀行から貸付を受けた。

　米国13大銀行の外国からの収益の割合は、1970年から1976年までに19%から50%に急増した。第三世界の債務も、1973年から1980年の間に、1,300億ドルから4,740億ドルに増加した。

　前章で述べたように、ラテンアメリカでは軍事政権が多く、パーキンスのような民間コンサルタントに開発計画を進められ（コラム3.3）、債務を増加させていた。資源国では1970年代は一次産品の価格上昇によって比較的景気が良かったからである。

②1980年代の債務危機

　1970年代末の第2次石油ショックの影響でインフレが亢進した。1979年8月にFRB議長に就任したポール・ボルカーはインフレを抑えるため金融引

き締め政策を断行した。金利は1981年には年率20％を超えた。高金利政策によってドルの為替相場が上昇し、発展途上国では自国通貨が下落したため、金利上昇の影響だけでなく、為替下落の影響も加わってより対外債務の返済額が増加した。しかも不況により世界市場での需要が低下し、発展途上国が輸出する一次産品の価格は下落し、輸出収入が低下した。このような経緯で、1982年には、ラテンアメリカとアフリカの諸国で金利も返済できない累積債務問題が発生した。

債務危機に陥った発展途上国では、外国からの資本流入が止まり、通貨の切り下げによりインフレに見舞われた。ラテンアメリカの1980年代はこの債務危機のために「失われた10年」と呼ばれた。

IMFは、この債務危機に陥った諸国を救済するために融資をした。IMFが債務国に対して融資条件として、「構造調整プログラム（Structural Adjustment Program, SAP）」を受け入れさせた。構造調整プログラムは、ネオリベラリズムに基づく諸政策で、債務国はさまざまな要求を呑まなければならなかった。

1970年代後半から1981年まで、ラテンアメリカ諸国の純民間資本流入（対GDP比）は高く、1981年に5％を超えた。しかし、1983年はマイナスに転じ、以降低迷した。

ラテンアメリカの経済が債務危機の「失われた10年」から回復し、好転し始めるのが1990年代に入ってからである。純民間資本流入は1992年には4％に達し、1990年代には2％から4％の間を推移し、民間の資本が国内に流入することによって経済成長が回復した（しかし、2000年までにはまた景気が悪化する）。

（2）IMFと世界銀行の経済イデオロギーの変化

IMFと世界銀行は、第2次世界大戦中の1944年7月に米国のブレトン・ウッズで開催された連合国通貨金融会議の結果として設立された。ブレトン・ウッズ会議に参加し、J・ケインズが処方箋を提案した。すなわち、ケイン

ズは総需要の不足が経済不況の原因であるとし、政府は総需要を刺激する政策をとるのがよいと主張した。金融政策が機能しない場合は財政政策に頼り、公共支出を増加するか減税するかである。

　第2次世界大戦後、ケインズ経済学が一世を風靡した。しかし1980年代に入るとケインズ経済学は時代遅れとなり、ミルトン・フリードマンを筆頭とするネオリベラリズムに転換する。時代を牽引する経済理論が転換したことに伴い、IMFおよび世界銀行の経済学者も入れ替えられた。

　1968年に世界銀行の総裁に任命されたロバート・マクナマラは、貧困撲滅に力を注ぎ、第一級の学者を集めて成果を生み出し始めていた。ところが、1981年新しい総裁が任命され、チーフ・エコノミストは米国の経済学者アン・クルーガーとなった。IMFの経済学者のイデオロギーは、ネオリベラリズムのイデオロギーに取って代わられ、古いイデオロギーのケインズ主義経済学者はIMFを去った。

　IMFは国連の専門機関であり、世界中の納税者が支払った資金（加盟各国が出資）によって運営されている。しかしながら、IMFは世界の納税者や、IMFの政策に左右される国民へ直接的な報告義務を負っていない。IMFが報告書を書くのは、各国の財務省と中央銀行に対してだけである。しかもIMFを取り仕切っているのはアメリカ財務省である。IMFは国際機関にもかかわらず、あまりにも情報公開がされていない閉鎖的で非民主主義的な組織である。

（3）ワシントン・コンセンサス

　「ワシントン・コンセンサス」とは、1989年に経済学者ジョン・ウィリアムソンによって発表された論文で、すでにラテンアメリカなどで実施している経済政策をまとめたものである。これまでIMF、世界銀行、アメリカ財務省の間で確認された発展途上国に対する政策合意として、これまで債務国に対して融資条件として要求した「構造調整プログラム」を含むネオリベラルな改革の処方箋である。

　その内容は、財政赤字の是正、補助金の削減などの緊縮財政、税制改革、

金利の自由化、変動相場制の導入、貿易の自由化、直接投資の受け入れ促進、国営企業の民営化、規制緩和、所有権の保護の10項目であった。

　このワシントン・コンセンサスが世界の発展途上国に適用された結果、多くの発展途上国が貧困に喘ぐようになる。たとえば、エクアドルでは高い付加価値税を強いられた。インドネシア、モロッコ、パプアニューギニアでは、燃料や食糧の補助金が削減された。タイでは医療費が削減され、エイズ患者が増加した。また学校教育が有料になった結果、子どもを学校へ通わせられない親が増えた。利益を得たのは巨大多国籍企業のほか、一部の高所得層のみで、大部分の大衆は実質所得の低下、福祉や教育などのサービス削減に呻吟することになった。

　ジョゼフ・E・スティグリッツ（Stiglitz 2002; 2003）は、グローバリゼーションを推進するIMF、世界銀行、WTOなどの国際機関を批判した。スティグリッツはノーベル経済学賞を受賞したケインズ主義の著名な経済学者である。彼は1997年から世界銀行でチーフ・エコノミスト兼上級副総裁としてほぼ3年間務め、IMFと対立し2000年に辞任した。スティグリッツは本来、障壁を取り払って自由貿易を広めるグローバリゼーションによって理論上はよい結果をもたらすと確信していた。しかし、彼は世界銀行で債務危機と構造調整プログラムによって苦境に立たされた発展途上国の現実をつぶさに見て、IMFとアメリカ財務省の偽善を指摘するようになった。

第3節　アルゼンチンの「失われた10年」と1990年代の復活

（1）1980年代の累積債務問題

　第3章で述べたように、軍事政権（1976〜83年）期に、シカゴ・ボーイズらが政権の要職に就き、民営化などを進めた結果、海外からの資本流入が増大し、対外債務が増大した。当初金利は3％であったが、第2次オイルショック後、金利は16％へと上昇したため、1982年に銀行債務がデフォルトに陥

第 4 章　1980〜90年代の南米で展開されたIMF「構造調整プログラム」と2000年代の反動

った。そのため軍事政権は国民の不満を外に向けようと、イギリスとの間にフォークランド紛争を起こすが敗北し、さらに国が疲弊した。

　1980年代のアルゼンチンの累積債務問題はインフレを伴い、1989年には財政破綻によって、年率5,000％のハイパーインフレーションを招いた。この「失われた10年」が終息するのは、1989年のブレイディ・プラン（Brady Plan）によってである。これは焦げ付いた債務を、世界銀行やIMFの支援によって担保付きドル建て債券に入れ替え、流動性をつけることに成功したものである。ただし、ブレイディ・プランでは民間債務が国の債務に転換されたため、国民が税金によって民間企業に代わって返済することになった。発行者の諸国は10年から30年間の長期にわたって、利払いなしのオプションもあった。当該新債券を銀行が保有した場合にはオフ・バランス資産として認められた。ブレイディ債券によってアルゼンチンでは1990年代に海外からの資金流入が再開された。

（2）メネム政権下での景気回復

　1989年、正義党（ペロン党）のカルロス・メネムが大統領に就任した。彼は選挙時の公約を覆し、伝統的なペロン党の政策とはまったく異なったネオリベラル改革を行う親米政権となった。

　1990年代にメネム政権下のアルゼンチンでは、あらゆる領域で民営化が強力に推し進められた。メネム大統領は国営企業を米国資本に売り渡し、IMFと世界銀行からの債務によるキャッシュフローでバブル景気を演出した。

　これまで政府が所有していた国立銀行と地方銀行が、国の債務を買い支えていた。ところが、1990年代半ば、メネム政権はこれらの銀行をニューヨークのシティー・バンクなどの外資に売却した。各州の教育やその他に割り当てられていた公共サービスの予算を流用して、米国の銀行への債務返済に充てた。さらに、IMFから国の健康保険制度の「改革」を要求された。

　フランスの多国籍企業はアルゼンチンの水道事業を買収し、水道料金を400％値上げした。主要な公共事業は民営化され、「もう売るものがない」ほどになった。さらに「生産コスト」を下げるという名目で「柔軟な労働市場」

政策を導入し、年金の引き下げげや賃金カットを行い、庶民は窮乏生活に陥った。

1990年代前半に、アルゼンチンは通貨の安定と民営化による直接投資の増大により高成長を遂げた。1991年、アルゼンチンは自国通貨ペソをドル・ペッグするカレンシーボード制を導入した。つまりドルとペソの交換比率を1対1に固定したのである。この兌換法を維持することによって、安定的に外資が流入し、経済成長を遂げた。しかし1990年代後半には再び政府債務が累積していき、不況に陥ることになる。

カレンシーボード制のもとでペソはインフレ傾向があり、アメリカ財務省の貸出金利よりも16％高いリスクプレミアムを要求されていた。アルゼンチンの対外債務は1,280億ドル、金利プレミアムは年間270億ドル、したがって、200億ドルの救済も金利支払いに消え、実質的にはアルゼンチンに回ってこなかった。通貨ペッグのために、ペソを支えるためドルの安定供給を請い、結局ドルを借りることを余儀なくされた。

（3）2001年から2002年の債務危機

1999年1月、ブラジルは変動相場制に移行し、ペソが割高となった。そのため安いブラジルの商品と太刀打ちできなく、アルゼンチンは貿易不振に陥り、経常収支の赤字増大と財政破綻に直面した。

2000年6月、アルゼンチンで起きた700万人の労働者によるゼネストのニュースは、欧米メディアにより葬り去られた。IMFは融資を断り続け、同年12月、アルゼンチンが対外債務不履行（デフォルト）に陥って、初めて欧米のメディアが報道するところとなったが、時すでに遅し、アルゼンチンの国債を買っていた日本の投資家（地方自治体も含む）も大損失を被ることになった。

2001年1月のペソの切り下げは、金融の自由化の影響も加わり、資金は猛烈な勢いで国外に流出した。パニックに陥った富裕層はペソを投げ売りしてドルをかき集め、国外の安全な投資先に預けた。2001年6月のひと月だけで、アルゼンチンの全預金の6％が引き出された。

2001年12月から2002年9月まで、アルゼンチン政府は銀行の預金口座を凍

結した。1月には変動相場に移行したためにペソは大幅に下落し、ペソに換算した外貨債務は一挙に4倍近くに膨らんだ。外資が所有する銀行は、ドル預金をペソに転換し、一般のアルゼンチン市民から事実上預金を取り上げて海外の債権者に返済した。1990年に起こった預金封鎖の後、定期預金を強制的に国債に転換し、国債価格は暴落した苦い経験があるが、2002年にも預金封鎖の後、預金の23％が国債に強制転換された。それに伴い軍政前に6％であった貧困率は、2002年には63％に達した。

ちなみに、アルゼンチンは歴史的にデフォルトを繰り返してきた。建国以来、1827年、1890年、1951年、1956年、1981年、1989年、2001年と、計7回デフォルトを経験している。

（4）新自由主義に基づく改革の問題点

1990年代に行われた民営化、公共支出削減、外国製品への市場開放などのネオリベラリズムに導かれた改革によって、ラテンアメリカ経済は麻痺状態になった。アルゼンチンは危機に対する唯一の解決策として、IMFの要請をすべて実行した国である。

公営企業が民営化されることによって買収した企業は暴利をむさぼることができた。民間企業の上位100企業の利益率は3.4％にすぎないにもかかわらず、道路事業の利益率は24.1％、水道23.1％、電話13％、天然ガス11.1％、電力5.6％であった。

しかし買収しても経営破綻したケースもあった。たとえば国営航空会社はスペインの航空会社に売却されたが、最終的にスペインの航空会社は撤退し、資産の機体はすべて売却され、最後は破綻した会社だけが残った。国営郵便局を買収した企業は、政府への支払いを滞納しつづけたまま最終的に破産した。被害を受けたのは国民であった。

第4節　ボリビアの新自由主義改革

（1）軍事政権から文民政権への移行と債務危機

　ボリビアは海への出口のない内陸国である。西側の高地には貧しい先住民族が住み、東側の低地には中規模から大規模な主に輸出向けの商業的農業が行われている。

　ボリビアはラテンアメリカの他の国と同様に、ポピュリズムと反ポピュリズムの政党間の政権交代が繰り返される政治的に不安定な国であった。

　軍事政権下で、ボリビアの対外債務は1970年代に急激に増大した。天然ガスの輸出や石油生産の新規投資プロジェクトのために対外債務が増加したが、この資本流入によって1970年代中期から末にかけて好景気を迎えることとなった。

　しかし、1979年に起きた第2次石油ショックで、1980年と1981年には国際収支が悪化し、資本が流失し始めた。商業銀行は新規貸付を中止し、債務再編の交渉が始まった。ボリビアの政権はこの不安定な時期に増税することも緊縮財政を強いることもなく、シニョリッジ（通貨発行）によって問題を解決しようとした。1982年のインフレ率は308％となり、実質経済成長率は－8.7％となった。

　1982年には、18年間ぶりに選挙で選ばれた大統領が就任した。左派政党と共産党も含める連合政権が成立し、当初は労働組合からも支持された。しかしインフレが亢進するなかで賃金の上昇を維持することができず、労働組合は反政府的となっていった。

　海外からの資本流入の減少を、通貨発行の増加で埋め合わせようとしたためハイパーインフレとなった。1984年に政府はついに商業銀行への債務返済不能となった。インフレ率は1982年と1983年には年率数百％から、1984年から1985年には数千％となった。1984年5月から1985年9月までは毎月のインフレ率が50％を超えるハイパーインフレとなり、1985年中頃には年率約23,000％のインフレ率に達した。

第4章　1980〜90年代の南米で展開されたIMF「構造調整プログラム」と2000年代の反動

このハイパーインフレを止めるために、シカゴ学派の影響を受けたハーバード大学出身の経済学者ジェフリー・サックスがボリビアに緊縮財政と物価安定の処方箋を提供した（Sacks 1987）。

（2）1985年からの経済改革とその結果

1985年のボリビア経済の70％は国の管理下にある社会主義的な国であった。1985年の大統領選挙では、民族革命運動党のビクトル・パス・エステンソロが当選した。彼は以前にも大統領に3回当選したことがあり、大規模スズ鉱山の国有化、先住民族への土地配分、普通選挙の導入などの改革を行った経歴をもっていた。

77歳の彼はかつての民族革命路線を踏襲するものと期待されていたが、大統領に就任すると政策を180度転換した。財政均衡するために、一連の価格統制の撤廃、食糧補助金の撤廃、石油価格の300％値上げ、予算の削減、貿易の自由化、国営企業の民営化への準備としての規模縮小、などのショック療法を実施した。あらゆる領域でさまざまな改革が一挙に行われたために国民は反応することができず、軍隊の奇襲攻撃のように国民は無抵抗のまま改革が短期間に実施された。

この経済安定化計画のなかにIMFの構造調整プログラムの基本的な要素はすべて含まれていた。通貨は切り下げられ、為替相場は統一され、為替投機の対象となる設定が準備された。輸入関税の大幅削減も含まれていた。

プログラムを実施してから2年後、実質賃金は40％減少し、一時的には70％も落ち込むこともあった。また年金が付く職が失われ、不安定な職が増加した。ついに1983年から1988年の間に社会保障を受ける資格のある国民は61％も減少し、地方の貧困率はなんと97％に達した。

安価な輸入食糧品（小麦など）の流入によって、改革から3年後には国内の実質農産物卸価格は25％低下した。農産物価格が低下したばかりでなく、小売価格と卸売価格の価格差が大幅に上昇し、その過剰利益のほとんどは小売業者や流通業者に帰属した。また農家の庭先価格と卸売り価格の価格差も上昇したが、その主要な原因は民営化されたことによる輸送コストの大幅な

上昇であった。庭先価格の激落のため貧しい農民は大打撃を受け、栄養失調や疫病が蔓延した。

ネオリベラル改革の導入によって農業や工業が打撃を受け、結果としてボリビアの貧農はコカに活路を見出し、コカ栽培を増加させた。先住民族には他の選択肢が残されていなかったということである。また金融の自由化によって、金融機関を通して麻薬や他の不正取引の資金洗浄することが容易になった。コカの密輸はボリビアの国際収支を支える重要な源泉になった。外国為替取引は公開されず、ドル預金と国内金融機関への資金の送金が奨励された。LIBOR（ロンドンのユーロ市場における短期金利、本書第1章注3参照）に5％上乗せする異常に高い金利は、外国からボリビアの商業銀行へ「ホット・マネー（一時的で投機的な資金）」預金を引きつけた。外国為替の改革は国内・国外への自由な資金の移動を許し、高金利も加わって、ボリビアの商業銀行へ麻薬密輸収入の預金を促進した。

しかし金融の自由化は本来の生産的投資の大幅な低下をもたらした。たとえば、1986年から1988年に、貸付金利（米ドル）は年利20％から25％であった。このような高い金利でも採算が合う産業はもはや国内にはなく、高金利によって倒産する企業が続出した。

（3）1985年のボリビアの経済改革の意義

ジェフリー・サックスは、みごとにインフレを収束させてみせた（Sachs 1987）。この価格安定化は価格の「ドル化」によってもたらされた。ほとんどの物価は事実上、為替相場にインデックス化されたので、為替相場の安定化はとりもなおさず物価の安定化を意味したのであった。

彼の貢献はそればかりではない。急進的なネオリベラル改革を行うには、チリのように血生臭い軍事行動をとらなくても、民主主義のもとで可能だということを実証したことだ。チリでフリードマンによって処方されたショック療法は、独裁政権と死の収容所という陰惨なイメージが付着していたが、ボリビアの事例は民主化の波に乗って平穏にネオリベラル改革を実施できることを示した。

第4章　1980〜90年代の南米で展開されたIMF「構造調整プログラム」と2000年代の反動

しかし、ボリビアの労働者・労働組合はゼネストを行い、国内の経済活動は10日間滞った。次に労働組合のリーダーたちは、ハンガー・ストライキを宣言し、それにより政府は非常事態宣言を発動した。軍が出動し、外出禁止令が発令され、政治集会やデモ行進は禁止された。軍は反政府デモで抗議する人々を逮捕し、催涙ガスで群衆を追い散らし、時には発砲した。ハンガー・ストライキに入った労働同盟の指導者たちは逮捕され、アマゾンの刑務所へ移送された。

非常事態宣言は3ヵ月間続き、その間にショック療法が実施された。反対派が行動を起こせないように一時的にでも活動家を「行方不明」にさせる必要があった。このようなボリビアの暴動や弾圧について、当時、国際メディアで報道されても大きく取り上げられることはなかった。ましてボリビアの自由市場改革の成功物語が報じられるときには、弾圧とセットであったことはけっして記事になることはなかった。

シカゴ学派のモデルには「危機」が組み込まれているが、ボリビアの場合はハイパーインフレが「危機」をもたらした。戦争や軍事クーデターでなくても、経済的ショックはネオリベラル改革を導入するうえでこのうえもないチャンスを提供した。これ以降、ネオリベラル改革を実施するために、軍事政権は必要なくなり、債務危機に伴う構造調整プログラムを通して、IMFや世界銀行がフリードマンのショック療法を実践する機関となる。

ボリビアでの経済改革をモデルとして、2005年までに世界の100ヵ国以上でネオリベラルなグローバリゼーションが進行した。しかし急激なネオリベラル改革はつねに大衆の痛みを伴うもので、デモや暴動に発展し、それを政府が鎮圧する国家の暴力も伴った。ネオリベラリズムの理論では、経済の市場原理主義に政治の民主主義が伴うことが謳われているが、現実には政府の暴力的な弾圧によって民主主義が歪められるという側面も随伴した。

（4）ボリビアの水戦争

1994年、ボリビア政府は、石油とガス、電話、航空、電力会社、鉄道などの国営企業の売却を決定した。売却前は石油とガスの収入だけでボリビア政

府の歳入の約50％を占めていた。1995年から1997年の間にこれらの国営企業は主に米国資本を中心とした外資に売却された。その売却利益は、民営化され外資が運営する年金基金に配分された。

ボリビアでも1999年に水道事業が民営化され、水道料金が跳ね上がった。特に貧困層が支払えない額となった。ボリビアの第3の都市、コチャバンバでは貧しい人々（主に先住民）から激しい抗議行動が起こった。水道事業の民営化はIMFと世界銀行が返済猶予のための条件であった。ベクテル社の子会社がわずか2万ドル弱で落札し、購入した数週間後には水道料金を値上げした。しかしその後、抗議デモやゼネストが激しくなり、2000年に同社は水道事業から撤退せざるを得なくなった。

また天然ガスの輸出をめぐっても激しい闘争となった。政府は外資と契約を結び、パイプラインを敷設しアメリカなどへ輸出する計画であったが、先住民は反対デモを展開し、労働組合はゼネストで対抗した。その結果、天然資源の所有を国に返還する法律が2005年には成立した。

そのようななかで2006年に大統領に就任した先住民出身のエボ・モラレスは、強硬な反米主義者で、ネオリベラル経済改革とグローバリズムに反対した。彼はベネズエラのチャベス大統領との連携を強めた。2006年に天然ガス・石油の国有化を宣言し、先住民が伝統的に栽培してきたコカ（コカを精製するとコカインとなる）の栽培を促進すると主張した。

コラム 4.1　世界の水道の民営化と再民営化

ネオリベラル経済改革によって公共の水道が民間会社に売却された最初の国はイギリスであった。その結果、イギリスの水道料金は2.5倍になった。

世界の水道事業に参入した多国籍企業は、アズリクス社（米・エンロン社の子会社）、ビヘンディ社、インターナショナル・ウォーターズ社などである。これらの会社は水道事業を民営化したエジプト、インドネシア、アルゼンチンなどで事業展開した。

水道の民営化が世界各地で進められ、そのために、水道料金の値上げやサービスの低下などの問題が起きた自治体も多かった。その結果、2000年から2014

第4章　1980〜90年代の南米で展開されたIMF「構造調整プログラム」と2000年代の反動

年の間に、水道および下水道事業を再公営化した自治体の数は世界全体で180にのぼっている。

そのうち136は高所得諸国の自治体であり、特にアメリカとフランスが多い。アメリカとフランスは、もともと水道事業を19世紀初頭の段階で民営化している割合が高かった国である。そのような民営化の伝統がある国で、再公営化が目立つ。

民営化した水道事業を再公営化した欧米の都市は、パリ、ベルリン、アトランタ、インディアナポリスなどである。発展途上国でも、ジャカルタ（インドネシア）、ブエノスアイレス（アルゼンチン）、クアラルンプール（マレーシア）、アルマトイ（カザフスタン）などで再公営化した（Lobina et al. 2014）。

第5節　ペルーのネオリベラル改革

（1）1970年代

ペルーでは軍事政権下のフアン・ベラスコ将軍（1968〜75年）のときに輸入代替工業化政策が部分的に導入された。ベラスコ将軍はこれまでの軍事政権と違って、反米と自主独立をかかげ、ペルー革命を実施した。外資企業の国有化、農地改革の実施などを行った。

1975年に軍事クーデターによって成立した軍事独裁政権下で、ペルーの対外債務の繰り延べ返済するための条件として、ネオリベラル改革が実施された。1970年代は度重なる通貨切り下げを行い、インフレが発生し、国民の実質購買力が低下し、貧困化が深刻化した。

（2）1980〜1985年

1980年選挙で選ばれたフェルナンド・ベラウンデ（1963〜68年、および1980〜85年）の文民政権が成立した。1980年代の初頭には、1973年のチリで「実験」されたシカゴ・ボーイズのモデルに基づいた「構造調整プログラム」が本格的にペルーで実施された。外国資本に石油などの開発利権を与え、関税を下げた。国内銀行に対する国の介入は制限され、外国銀行が支店を設置し

商業銀行への外国資本の流入が増大した。

1982年には市場開放されたために輸入製品が国内市場にあふれ、輸出収入は激減し、貿易収支は悪化し、それに伴い経常収支も悪化した。1982年にはGDPが12％低下し、1983年にインフレ率は100％を超えた。このインフレのために輸入に頼っていた食糧を貧者は購入することができなくなり、1980年から1983年までに栄養失調の乳児が急増した。それに伴い1985年の食糧消費量は1975年のレベルの25％にまで低下した。1980年から1990年までに実質最低賃金は45％も低下した。ブルーカラーとホワイトカラーの賃金はそれぞれ39％と20％低下した。

（3） 1985〜1990年

1985年の大統領選挙では、国民に痛みを伴う「構造調整プログラム」とは別の経済緊急計画を推進することを公約したポピュリストのアラン・ガルシアが当選した。ガルシア大統領は反米、反帝国主義を叫び、IMFと真っ向から対立した。ガルシアは対外債務の一時的支払猶予を宣言し、返済額は輸出収入の10％に制限した。ペルーは国際金融機関の「ブラックリスト」に即座に載り、新規の資金流入が途絶えた。国際的商業銀行もペルーの支援を中止し、ペルーは国際的な孤立状態に陥った。

年率225％のインフレ率を引き継いだガルシアは、基本的な消費財や公共サービスの価格を固定し、金利を下げ、為替レートを安定化させた。借り入れを促進するため実質金利がマイナスになるように金利を下げた。また農村部に所得配分を行うために農産物価格を高く設定した。これらの政策の結果、財政赤字は増大し、外貨準備は枯渇した。

ついに政策的に行き詰まったガルシアは、1988年9月には国際金融機関との関係が悪化したまま、実質的にIMFの推進する構造調整プログラムの全要素を含む経済政策の実施に踏み切った。つまり通貨の切り下げ、公共サービスやガソリンなどの価格値上げ、財政削減、賃金や給与の物価連動制の廃止などを実施した。しかし国際金融機関はペルーの国際収支を掌握していたので、資本流出が続き、対外債務は増加し続け、ついに1988〜1990年には年率

第4章　1980〜90年代の南米で展開されたIMF「構造調整プログラム」と2000年代の反動

約3,000％のハイパーインフレーションに陥った。ペルーがIMFと対立した結果は惨憺たるものであった。

（4）1990年のネオリベラル改革

　ペルーでは1990年8月、「フジ・ショック」に見舞われた。1990年の大統領選挙では、対立候補がIMFの融資条件である経済のショック療法を公約したが、日系のアルベルト・フジモリはネオリベラルなショック療法を批判し、緩やかな経済改革を行うと公約して選挙に勝利した。

　ところが、フジモリは大統領に就任すると即座にIMFの要求するネオリベラルなショック療法を一挙に断行した。「財政赤字を削減し、価格の歪みを取り除く」と彼は発言し、翌日には燃料価格が31倍に上昇した。パンの価格は12倍以上に跳ね上がった。フジモリ大統領はハイパーインフレーションの抑制を目的としたが、実現できずにインフレ率は新政権の最初の年に2,172％に達した。

　ラテンアメリカの多くの国において「ショック療法」が実施されたが、ペルーで発揮された破壊力に比肩しうるものがないほどであった。ペルー北部地方での平均月収は7.50ドルであるが、一方、リマの消費者物価はニューヨークよりも高い。最初の1年で政府公務員の平均収入は63％低下した。実質所得は、1974年価格に比較して、1990年9月に60％低下し、1991年半ばに15％以下に低下した。

　フジモリ政権前の段階で、ペルーはすでに深刻な貧困状況となっていたが、ショック療法の処方箋によれば、インフレ圧力を軽減するためにフジモリ政権は賃金や社会的支出をさらに圧縮させる必要があった。その結果、貧困化が急速に進み、子供の38.5％は栄養失調となった。5歳未満の子供の死亡率はシエラ地方で4人に1人、リマでは6人に1人の割合となった。広がる栄養失調と医療保健制度の崩壊によって、疫病の感染も広がった。1991年には20万人がコレラに感染し、うち2,000人が死亡した。

第6節　ベネズエラとエクアドルにおけるネオリベラル改革

（1）ベネズエラ

　ベネズエラは石油をアメリカに輸出している。1973年の石油ショックの際、ベネズエラはOAPECがとった原油輸出禁止措置に同調せずに、増産してアメリカに供給した。したがって、かつて対米関係が比較的友好的な時代もあった。1973年のOAPECの石油輸出停止期間中、原油価格は跳ね上がり、ベネズエラの国家予算は4倍にもなった。

　1973年の大統領選挙で、カルロス・アンドレス・ペレスが選ばれた。ペレスが大統領（1974～79年）に就任し、中道左派政権が成立した。特にカーター大統領時代の人権外交に呼応し、アメリカとは友好的な関係を築き、米国などの外国銀行がこの国に貸付を始め、大規模なインフラ整備や高層ビル建設などを行った。ペレスは、1976年に石油企業を国有化したが、そのほとんどはアメリカ資本の民間石油会社であった。その結果、1978年にベネズエラの国際収支は赤字に転じた。1970年代後半に輸入が230％以上増加し、資本流入も増加し、ベネズエラは急速な経済成長を遂げた。

　ベネズエラはラテンアメリカのなかで1人当たりの所得は高いが、貧富の格差が著しく拡大している国である。人口の80％は貧困層であり、国民の半分は栄養不足である。1970年代後半の急速な経済成長のなかで、都市の貧困層の不満は高まった。その理由として、学校不足、水不足、電力不足、医療健康関連施設の低下などの深刻な問題があった。

　急激な経済成長の後、1979年に起こった第2次石油ショックの反動で、1982年から石油価格が下落に転じたため、ベネズエラは緊縮財政を強いられるようになった。1983年、ベネズエラは対外債務返済が滞り、外国銀行との債務再編計画を交渉し、1986年には返済を再開した。

　緊縮財政とそれに続くネオリベラル改革の結果、各地で暴動が発生した。特に1989年、政権に返り咲いたカルロス・アンドレス・ペレス大統領（1989

第4章　1980〜90年代の南米で展開されたIMF「構造調整プログラム」と2000年代の反動

〜93年）は、選挙中にはIMFの指導を批判していたにもかかわらず、就任後は一転してIMFの厳しい引き締め措置を強行した。国営企業の民営化と規制緩和は推進され、石油補助金は打ち切られた。ガソリン価格は100％上昇し、公共交通は30％値上げされた。その影響で1989年2月末、首都カラカスを中心として貧困化した民衆によるデモと暴動が発生した。しかし、暴動は国軍によって鎮圧され、少なくとも400人、多い推定だと3,000人が死亡または行方不明となった。

（2）エクアドル

エクアドルは石油産出国で、輸出の約50％、政府の歳入の約30％は石油に依存しているOPEC加盟国である。アメリカの政治的・商業的利益によって操られる右派政権が長年続いてきた政情不安定な国である。1981年には石油を自国で管理しようとして民衆から期待されていたハイメ・ロルドス大統領が「事故死」した。

1980年代初頭の高金利、そしてその後の石油価格の暴落の影響により、1983年、エクアドル政府はアメリカの銀行から借りた民間の債務を政府の債務に転換させられ、IMFに15億ドルの債務を負った。

IMFの融資条件は、金融市場の自由化であった。政府管理下にあった銀行は切り離され、債務は増大し、金利は急上昇した。その他、IMFは電気料金やその他の生活必需品の値上げを要求した。その結果、12万人の労働者が失業した。さらにIMFによるエクアドル向け暫定援助戦略は、融資条件として167項目を課した。そのなかには2000年にガス料金の80％値上げ（2001年には暴動が発生）、公務員2万6,000人削減、残りの公務員も50％賃金カット、2000年までに水道事業を外資に売却、ブリティッシュ・ペトロ―リアム社がアンデス山中に石油パイプラインを通し、それを所有することを認める件などが含まれていた。

以上のような融資条件を受け入れたエクアドルは、2000年、ついに自国通貨を放棄し、法定通貨をドルにした。これによってエクアドルは通貨主権を失い、独自に金融政策をとることができなくなった。ドル化による通貨の安

定のメリットを優先した結果である。

第7節　ラテンアメリカのインフレと社会保障改革

　本節では、構造調整プログラムを受け入れたラテンアメリカ諸国全体の動向を、関税、インフレ、社会保障の点で概観する。

（1）関税の引き下げ

　構造調整プログラムを受け入れたラテンアメリカ諸国では、1980年代後半から1990年代前半までに大幅に関税を下げた。1985年から1995年までに関税率の平均値が、コロンビアやブラジルでは約80％から約10％に低下し、エクアドルでは50％から10％に低下した。チリ（40％）、メキシコ（50％）、ベネズエラ（30％）、アルゼンチン（27％）がそれぞれ10％からそれ以下に低下した。つまり、ほとんどの国が1990年代中頃までに関税の平均率が10％前後に低下した。

（2）通貨切り下げ、インフレ、ドル化

　IMFの融資条件の一つには、通貨の切り下げがあった。輸入代替工業化政策の下では、自国通貨の価値を高めに固定していたが、構造調整プログラムを実施する諸国は、自国通貨の切り下げを余儀なくされ、ひどいインフレに見舞われた。1960年代や1970年代にも、一部の発展途上国では通貨の切り下げを行ったが、1980年代と1990年代において、IMFが支援するプログラムのもとで貿易や為替の自由化をともなった通貨切り下げは、より多くの発展途上国で激しさを増して引き起こされたた。

　ハイパーインフレの程度と、通貨切り下げの程度は、密接に相互に関係している。破壊的な通貨切り下げのレベルは、IMFや世界銀行が推進する構造調整プログラムを受け入れた程度に比例しているといわれている。逆にIMFを積極的には受け入れなかった国では、通貨下落の打撃が少なく、インフレの程度もわずかである傾向がある（Ould-May 2003）。

第4章　1980〜90年代の南米で展開されたIMF「構造調整プログラム」と2000年代の反動

　1980年代や1990年代に通貨が暴落した諸国では、結果として輸出入も大幅に減少し、実質所得がより低下した。IMFは通貨切り下げを要求したが、多くの発展途上国では同様な一次産品を増産し輸出することになり、それゆえに世界市場では資源や一次産品の価格が低下した。これらの商品の世界需要は価格が弾力的でないので価格低下がより深刻化し、1980年代後半から1990年代は、資源や一次産品の価格低迷が続いた。そのため発展途上国はIMFの介入にもかかわらず貧困化し、先進諸国との経済格差はより拡大した。1980年から1999年の間に、発展途上国の債務は6,090億ドルから2兆5,530億ドルにまで膨張した。

　しかもラテンアメリカ諸国やカリブ諸国では、ほとんどの契約がドル建てで行われているので、米国投資家の心配の種にはならないですむ。むしろ、通貨下落は国際投資家にとって、通貨投機や他の投資の絶好の機会となった。しかも金融面では金融引き締めを迫り、金利の上昇を誘導したので、資本市場の自由化は海外からの短期的なホット・マネーが流入するが、状況が悪化するとすぐ流出する投資ブームの不安定化をもたらした。

　1980年代の累積債務に苦しむラテンアメリカ諸国の通貨は下落し、国内はインフレにみまわれた。インフレ率が年率100%を超えた国は、アルゼンチン、ボリビア、ブラジル、メキシコなどである。アルゼンチンは1990年3月、年率なんと20,266%のハイパーインフレを経験した。ボリビアでは1985年4月に年率23,447%、ペルーは1990年4月、12,378%のハイパーインフレとなった。なかでもアルゼンチンは最も深刻で、1980年代の10年間の平均インフレ率は350%であった。

　インフレが亢進するなかで、ラテンアメリカの銀行預金のドル化が進んだ。預金のうちドル預金の比率は、アルゼンチンでは1990年47.2%であったが、2001年には73.6%に上昇した。債務のうちドル建て債務の比率は、2001年に71.6%であった。ボリビアではドル預金比率は1990年90.7%、2001年91.4%、ドル建て債務比率は2001年97.1%となった。エクアドルやエルサルバドルでは2001年には、自国通貨を取りやめドル化によって預金や債務は100%ドル建てとなった。ウルグアイ、ペルー、ニカラグアでも2001年には6割から9

割がドル預金やドル建て債務になっていた。例外的にドル化が2001年の時点でほとんど見られなかったのは、ブラジル、コロンビア、ベネズエラなどの国であった。以上のように、ラテンアメリカにおけるドル支配圏が深化・拡大していったのである。

（3）ラテンアメリカにおける公的年金の民営化

　先進諸国では人口高齢化に伴って賦課方式の公的年金制度の持続可能性が課題となっている。ところが多くのラテンアメリカ諸国では公的年金制度をいち早く撤廃し、賦課方式の年金会計を民間積立方式に転換することによって政府の財政的負担を軽減したことは注目に値する（メサ＝ラーゴ　2004）。最も早く公的年金制を民営化したのはチリで、1980年に公的年金改革法が制定され、1981年に施行された。この改革によって、公的年金制度は閉鎖され、新規加入者は民間年金保険に加入することとなった。少子高齢化によっていずれ発生する公的年金制度の崩壊を回避したのである。

　「公的年金制度は独占形態で競争する必要がないので非効率である。民間保険会社は競争によって管理コストを下げることができる」というのが年金民営化の理論的根拠の一つになっている。加えて、年金の構造改革が資本蓄積と国民貯蓄を増加させ、それが経済成長と雇用創出を促すので、結果として年金給付額を増加させるというバラ色のシナリオを、世界銀行は主張した。

　1990年代に多くのラテンアメリカ諸国が社会保険制度改革を実施したのは、チリでの改革が影響をもち始めたことや、1994年に世界銀行が強制加入の民間積立方式を主要な柱とする年金改革を勧告したことも大きな影響を与えた。

　チリについで年金制度の完全民営化を断行したラテンアメリカの国は、1997年にボリビア、メキシコ、1998年にエルサルバドル、2003年にドミニカ共和国、2004年にニカラグアがある。公的年金制度と民間年金制度の混合型を導入した国も多く、1994年にアルゼンチン、1996年ウルグアイ、2001年コスタリカおよびエクアドルの4ヵ国は、公的年金制度が基礎年金を給付するが、民間年金保険が基礎年金の補完的な年金給付する形態で統合された。公的年金制度と民間年金制度の併存型は、1993年ペルー、1994年コロンビアで

第4章　1980～90年代の南米で展開されたIMF「構造調整プログラム」と2000年代の反動

導入され、公的年金制度は閉鎖されず、並行して民間年金制度が導入された（メサ＝ラーゴ　2004）。

　これらの年金制度改革によって、多くの諸国で加入者の大部分が民間へ移行した。たとえば、コスタリカ、メキシコ、ボリビアでは100％、チリ、エルサルバドル、ペルーでは91～97％、アルゼンチンでは80％の加入者が民間へ移行した。一方、並立型のコロンビアと混合型のウルグアイでは約50％が公的年金にとどまっている。

　理論的には民間年金制度になると自己責任となるので拠出金を支払うインセンティブが強まると言われていた。しかし全労働人口のうち民間年金加入者のシェアは必ずしも高くはなく、ボリビア23％、ペルー28％、エルサルバドル40％、コロンビア59％のようにかなり低い国もみられる。拠出金支払者の比率もチリやウルグアイなどの高い国で60％、それ以外は10～30％とかなり低い。年金が民営化しても、拠出金を支払わないのは、経済が悪化し失業率が高いこと、また個人年金の最低給付額が保証されていることなどの理由が考えられる。自営業者の比率が高いが、加入率は低い。また、ほとんどの国では雇用主の拠出を減額または廃止したので、加入者の負担が増加した。

　導入前に「民間年金保険会社は公的年金制度よりも競争的で管理コストが安い」と喧伝された。しかし、2002年末において、給与から引かれる保険料に対する全管理コストの比率は、ボリビア、ウルグアイ、チリ、エルサルバドルでは、18～21％、コロンビア、ニカラグア、ペルー、ドミニカ共和国で26～30％、メキシコ、アルゼンチンで40～45％となった。つまり保険料の4分の1から半分が管理コストに費やされており、管理コストは公的年金制度よりもかなり高い。

　競争的市場による効率性の向上が謳われたが、メキシコ、アルゼンチン、エルサルバドルなどでも民営化改革が行われて、保険会社は当初増加したが、その後、合併によって数が減少した。つまり競争的市場が寡占的市場に移行しやすい問題点が指摘できる。

　しかも加入者が必要な情報や能力をもっているわけではないので、安全性や信頼性を広告などのイメージでつられて選択している。つまり「売り手」

のみが専門的な情報を有し、「買い手」が十分な情報をもたない「情報の非対称性」の問題が生じやすく、消費者は合理的選択が難しい。

民間積立方式は金融市場の流動性を高め成熟させることに貢献したという意義は認められるものの、構造的年金改革は民間積立方式が公的賦課方式よりも高投資利益によってより高い年金給付を達成することを約束していたがそれは不確実である。

また民間年金保険は、性別によって異なる平均寿命を基準にした保険料支払いと年金受け取りの枠組みを用いるので、女性の年金受給額は男性よりも低くなる。一方、公的年金では男女共通の平均寿命が基準となるので、性別による格差はなく、結果として平均寿命の差によって男性から女性への移転が発生する。その点では公的年金制度のほうが女性に有利である。

ネオリベラルな社会保障改革では、インフォーマル・セクターがカバーされないなど、不平等な格差社会の問題を所得移転によって改善できない問題点もある。ラテンアメリカ諸国でいち早く実施された公的年金の民営化は、今後、日本の公的年金制度改革に教訓となろう。

第8節　2000年代の左派政権の成立

1990年代末までには多くの発展途上国でネオリベラル改革が行われ、貧困が増え悲惨な結果となっていたので、グローバリゼーションに反対する運動が生まれた。

1999年11月、アメリカのシアトルでWTOの国際閣僚会議が開催されたが、会場の外ではグローバリゼーションに反対する大きな抗議デモが起こった。この抗議デモに参加したのは、インターネットを使っての呼びかけによって、65ヵ国、600の団体およびネットワークが賛同し、会議の開催を阻止するために直接行動をした結果、会議の開催は遅延した。これが引き金となって会議は流産した。この時のメディアの報道は抗議行動について敵意ある描き方をした。またこの時の抗議行動をきっかけに「反グローバリゼーション」という用語が世界中に広く流布されるようになった。

第4章　1980〜90年代の南米で展開されたIMF「構造調整プログラム」と2000年代の反動

2000年代になって、ラテンアメリカでは、ネオリベラル改革に反対する反米左派政権（中道も含め）が次々に誕生した。ベネズエラのチャベス政権（1998年）、ブラジルのルラ政権（2003年）、アルゼンチンのキルチネル政権（2003年）、ウルグアイのバスケス政権（2005年）、ボリビアのモラレス政権（2006年）、チリのバチェレ政権（2006年）、エクアドルのコレア政権（2007年）などである。

（1）ベネズエラの左派政権

1998年の選挙によって、ベネズエラの貧しい人々に支持されてウーゴ・チャベスが地すべり的勝利で大統領に選出された。帝国主義アメリカを糾弾し、反グローバリズムを力強く唱え、外国資本に支配されていた石油会社を自国民の利益になるような改革を行った。

2002年、アメリカはCIAによってチャベス政権を打倒するためのクーデターを画策した。4月11日にCIAの支援を受けた軍部がクーデターを起こし、一時チャベス大統領は監禁された。このとき、アメリカの新聞はこの「独裁者」の辞任を報じた。しかし、このクーデターは民衆の大反撃を招き失敗に終わり、クーデターの首謀者は逃亡した。

6月には、「ベネズエラで10万人がチャベス大統領に抗議」という見出しが付いた記事がアメリカの新聞で報じられた。これは、アメリカのメディアがいかに偏向しているかを示している。実際には、首都カラカスで大統領に抗議して20万人のデモがあったものの、大統領を支持して反対派をはるかに上回る50万人もの大規模なデモが同時に行われていたのである。アメリカのメディアはこのことには一切ふれていない。

チャベスは2002年のクーデターで辞任させらせずに助かった。チャベスはスペイン系ではなく、インディオ系の血筋で、貧困層から圧倒的に支持されていた。チャベスが国会を通過させた石油法案は、米国資本であるエクソン・モービル社をはじめとした石油会社が新たに発見した油田を採掘する際には、今までの倍（約30％）のロイヤリティ支払いを要求するというものであった。さらに名目上は国営石油会社でも、事実上外国資本の支配下になっていたベネズエラ石油会社を、ロイヤリティの値上げで掌握しようとした。そして石

油からの収入をチャベスは、「煉瓦とミルク」政策によって貧困層に住宅や食糧を配分した。他にも、最低賃金を引き上げ、多国籍企業への水道事業の売却を拒否し、富の再配分による改革を実行した。

チャベスは2006年の国連総会演説でブッシュを「悪魔」扱いし、イスラエルを激しく批判した。この時期にチャベスは「イスラエルを地図上から抹殺する」と公言していたアフマディネジャド・イラン大統領との関係を深めていた。また彼は中国やロシアとも軍事的、経済的友好関係を築いた。

チャベスは2011年にガンになり、2013年3月に死亡した。58歳だった。葬儀には数百万の群衆が街頭に溢れた。

（2）アルゼンチンの左派政権（2003～2015年）

2003年5月に大統領に就任したキルチネルは、「悲劇と災害を招いたIMFの処方を受け入れる愚行は二度と繰り返さない」「債務問題は重要であることを認識しているが、国民の飢餓と貧困という犠牲を払ってまでも債務を支払うつもりはない」「メルコスール（南米南部共同市場）を強化し、ラテンアメリカ諸国が社会正義に基づく安定的な繁栄を実現できるように連帯する」と就任演説した。

当時、アルゼンチンでは自国通貨を変動相場制へ移行したため自国通貨安となっていた。通貨安のために輸出競争力が高まり、アルゼンチンの景気が回復し始めた。2005年にはアルゼンチンは旧債務から新債務への移行を完了し、2006年3月、キルチネル大統領は「IMFによって失われていた主権を取り戻した」と演説した。また彼は、同年、民営化された水道事業の再公営化を果した。

2007年10月、キルチネル夫人のクリスティーナ・フェルナンデスが大統領選挙で圧勝した。クリスティーナ・フェルナンデス大統領は、夫同様にペロン党に所属し、社会保障費と補助金を増大させた。失業率も低下し、景気回復していた。民営化した年金基金と石油会社YPF（Yacimientos Petroliferos Fiscales）を再び国有化して国民の支持を得た。

第4章　1980～90年代の南米で展開されたIMF「構造調整プログラム」と2000年代の反動

（3）ボリビアのモラレス政権（2006年～現在）

　2005年から政権に就いたエボ・モラレス大統領はネオリベラル改革で民営化された部門を再国有化した。石油・天然ガスの国有化によって、財政赤字を黒字に転ずることができた。続いて彼は、電気通信、鉱山、電力、航空、セメントなどの企業の国有化を果した。

　ボリビアを「多民族国家」と規定する憲法を制定した。モラレス彼自身も先住民族であり、人口の過半数を占める先住民を国政の中心的な存在と位置づけた。しかも先住民にとってコカの栽培は伝統的な生活必需品であったためモラレスは、その栽培を促進した。コカインはコカを精製したものであり、アメリカは麻薬撲滅のための戦いの一環として、1980年代からボリビアのコカ栽培を禁止してきた。ところが、モラレスはコカ栽培を合法化したのである。

　2008年に反モラレスのクーデター未遂事件が起きた。モラレスはアメリカが陰謀を画策したとして米大使を追放し、両国間の外交関係は途絶えた。

（4）エクアドルの左派政権（2007～現在）

　ラファエル・コレア大統領（2007～17年）は、イリノイ大学でネオリベラル改革に関して博士論文を書きPh.Dを得た経済学者であった。彼はネオリベラル改革を痛切に批判し、特にエクアドル通貨のドル化によって通貨主権を失ったことは誤りだったと指摘した。コレアはIMFや世界銀行に対決的な姿勢をとったために、国内のメディアからも嘘、中傷、誹謗で苦しめられた。しかし、彼の政策によって、エクアドルの貧困率は低下し、失業率も低下したため、国民のコレアへの支持率は高かった。

　オーストラリア人のジャーナリストであり、ウィキリークスの編集人でもあるジュリアン・アサンジがスウェーデン政府より国際手配されているが、コレア政権下において、2012年にロンドンのエクアドル大使館に政治亡命を申請し認められ、以来アサンジはエクアドル大使館に保護されている。

　2017年5月の選挙では、僅差でコレアの左派路線を引き継ぐレニン・モレ

ノが選出されて政権についた。

第9節　2010年代中頃から南米の右傾化

　この17年間、南米で左派寄りのポピュリストが台頭してきた潮流が、2014年頃から反転しようとしている。ボリビアのモラレス大統領などの一部のポピュリストは依然として人気があるが、他のポピュリストの勢いは衰えつつある。国際的な鉱物・穀物価格の下落はラテンアメリカの左派政権を直撃している。ベネズエラでは原油、ペルーでは銅、アルゼンチンでは大豆などの穀物の価格下落が、左派政権の財政基盤を揺るがした。

　2015年7月、アメリカはキューバとこれまで途絶えていた国交を54年ぶりに回復した。翌2016年11月、キューバのカストロ首相が亡くなった。ラテンアメリカの左派政権にとって精神的な支柱でもあったが、その支えを失った打撃は大きい。

　アルゼンチンでは2014年6月に、すでに債務再編が完了したはずの国債に対して、満額償還を求める裁判によって満額支払いを命じられる国債デフォルトの危機に襲われた。2015年の大統領選挙でクリスチーナ・キルチネルの所属するペロン党は、中道右派のマウリシオ・マクリ氏に政権を明け渡した。マクリ新政権はアメリカ金融資本と協調的な関係を築き、市場機能重視の改革に着手している。

　ベネズエラでは2013年に死亡したチャベス氏の後任であるマドゥロ大統領の支持率が低下している。石油収入が落ち込み、ベネズエラは経済的混乱状況のなかにある。干ばつが起こり、ダムの水位低下による電力不足が深刻であり、スーパーから食糧品が消えた。政府が価格統制している食糧品は市場から消え、配給を求める長蛇の列ができ、略奪が多発し、抗議デモも起きている。原油価格が下落してから、政府は財政赤字を補填するため、中央銀行に対する大統領裁量権を強化し、紙幣を刷りまくっているためインフレが亢進している。ベネズエラがジンバブエのようになるような日が近いかもしれない。

第 4 章　1980～90年代の南米で展開されたIMF「構造調整プログラム」と2000年代の反動

　2017年にベネズエラではインフレ率は1,000％を超え、80％の国民は貧困に陥った。反政府運動はますます暴力的となっている。2017年 8 月に、トランプ大統領はベネズエラに対して金融制裁措置の大統領令を発動した。同年 9 月、マドゥロ大統領は石油取引通貨をドルから他の通貨に変更すると発表した。ペトロダラー体制に対する挑戦状を突きつけた形だ。

　ブラジルでも南米の輸出を支えていた商品価格の下落も重なり景気が悪化している。国営石油ペトロプラスは汚職問題に見舞われている。2016年、左派労働党のルセフ大統領の不正会計疑惑での弾劾手続きが議会で可決され、弾劾裁判が行われ、ルセフ大統領は罷免され、連立政権の相手であったテメル副大統領（ブラジル民主運動党）が大統領に就任した。ルセフ前大統領の前任者であり、同じ労働党であったルラ元大統領は、この弾劾手続きの動きをクーデターだと批判した。

　2008年までに 7 つの国で左派政権が成立した南米において、米国の銀行やIMFからの融資に代わって、積極的に投資を拡大して行ったのは中国であった。中国が積極的に融資した国は、ベネズエラ、エクアドル、アルゼンチンであった。ロシアにとっても、戦略的に重要なラテンアメリカの同盟国の多くが右傾化するなかで、ロシアはベネズエラの油田開発に投資し、経済援助を続けている。

【注】
1　混合型はラテンアメリカ以外でも最もよくみられる形態で、西ヨーロッパの 5 ヵ国と東ヨーロッパの 7 ヵ国が導入している（メサ＝ラーゴ 2004）。
2　チャベスは何回も暗殺の企てにあっている。ガン兵器による暗殺説が流れた。
3　債権者から債務再編合意を強制的に取り付ける「集団行動条項」が以前の国債には付いていなかったため、暴落した国債を安値で買ったファンドが、満額償還を求める訴訟を起こした。アメリカの連邦最高裁判所はファンドの主張を認めた。マリク大統領が就任してから、本件の返済協議は合意に達した。
4　アメリカは長期にわたってベネズエラに介入し、ベネズエラの反政府運動に資金を提供してきた。ベネズエラ議会は、2015年以降、アメリカに支援された右派が過半数を占めている。

【文献】

Klein, Naomi (2007) The shock doctrine: the rise of disaster capitalism, Metropolitan Books. (クライン, ナオミ著, 幾島幸子・村上由美子訳『ショック・ドクトリン―惨事便乗型資本主義の正体を暴く―』岩波書店, 2011年)

Lobina, Emanuele, Satoko Kishimoto, Oliver Petitjean (2014) Here to stay: water remunicipalisation as a global trend, PSIRU. https://www.tni.org/files/download/heretostay-en.pdf

Ould-May (2003) Currency devaluation and resource transfer from the south to the north, Annals of the association of the American Geographers, 93-2, pp.463-484. Palast, Gred (2002) The best democracy money can buy, Pluto Press. (グレック・パラスト著, 貝塚泉・永峯涼訳『金で買えるアメリカの民主主義』角川書店, 2003年)

Perkins, John (2004) Confessions of an economic hit man, Berrett-Koehler Publishers, Inc. (ジョーン・パーキンズ, 古草秀子訳『エコノミック・ヒットマン―途上国を食い物にするアメリカ』東洋経済, 2007年)

Sachs, Jeffrey D. (1987) Developing country debt and the world economy, University of Chicago Press.

Stiglitz, Joseph E. (2002) Globalization and its discontents, W.W. Norton. (ジョゼフ・E・スティグリッツ著, 鈴木主税訳『世界を不幸にしたグローバリズムの正体』徳間書店, 2002年)

Stiglitz, Joseph E. (2003) The roaring nineties, W.W. Norton. (ジョゼフ・E・スティグリッツ著, 鈴木主税訳『人間が幸福になる経済とは何か―世界が90年代の失敗から学んだこと―』徳間書店, 2003年)

メサ=ゴーラ, カルメロ (2004)「ラテンアメリカの公的年金制度の民営化」『ラテンアメリカ・レポート』21-1, pp.36-46.

第5章　親米傀儡政権樹立の課題と中米・カリブ海地域

　中米——北米と南米をつなぐ地峡部には、グアテマラ、ベリーズ、ホンジュラス、エルサルバドル、ニカラグア、コスタリカ、パナマの7ヵ国がある（図2－1）。コスタリカは白人の割合が高いが、他の中米諸国ではメスティーソ（先住民とスペイン系の混血）の割合がもっとも高い。

　ニカラグアは太平洋と大西洋に接しているが、その北に位置するエルサルバドルは太平洋に面しているがカリブ海には面していない。ニカラグアとエルサルバドルは双方とも人口600万人程度であるが、エルサルバドルのほうが人口密度は高い。エルサルバドルはコーヒー豆栽培が盛んで、輸出の約半分はコーヒー豆である。また、エルサルバドルはギャングが多く、犯罪率が高い国として知られている。

　カリブ諸島地域は、かつてヨーロッパ列強の植民地となった地域である。その後、独立した国々もあるが、現在でもイギリス領、オランダ領、フランス領の島々が点在している。

　本章では、第1節で、親米独裁政権の政権交代が、どのようにしてアメリカの思惑通りに運んでいるかをロバート・パスターの説を中心に検討する。第2節では、ハイチの歴史を紐解いて、アメリカが歴史的にどのようにハイチに介入してきたかを検討する。第3節では、主に1980年代に内戦となったニカラグアや、1989年のパナマ侵攻、2009年のクーデターがあったホンジュラスなどを取り上げ、アメリカの政治的・軍事的介入の事例を論ずる。

第1節　親米傀儡政権の樹立の課題

（1）親米傀儡政権樹立の課題

　第2次世界大戦後、アメリカは自由・民主主義を擁護する国として、他国に軍事介入しつつも「植民地を持たない」世界覇権国となった。1823年のモンロー・ドクトリン以来、ラテンアメリカをアメリカの裏庭として、形式的には植民地とせず独立国家の形式にとどめて、事実上支配・収奪してきた。

　しかしラテンアメリカ諸国では、貧富の格差が著しく開いており、中間層が相対的に少ないうえに、貧困層が大多数を占めているという特徴をもっている。民主的選挙を行えば、人口的にマジョリティの貧困層に圧倒的に有利であり左派ポピュリスト大統領が出現する確率がきわめて高い。このようにして誕生するポピュリスト政権はアメリカ企業・資本にとっては多大な損失を与えるため、アメリカにとっては、それらは大きな障害となって立ちはだかることになる。

　歴史的にアメリカは、ラテンアメリカに親米的な独裁政権を擁立、保護してきた。ラテンばかりではなく、アフリカ、中東、アジアなどにも親米独裁政権を擁立してきた（図5−1）。ソ連（ロシア）も同様に親ソ（露）独裁政権を維持してきた（図5−2）。

　しかし、その親米独裁政権が長期政権化すると、賄賂、汚職、腐敗が増え、国民に対して抑圧的になり、やがて国民的な人気を失うというのが繰り返されるパターンであった。大多数の国民は穏健で、平和的、非暴力的な民主主義的な変革を期待するものである。しかし反政府ゲリラが穏健派グループと手を結ぶと、反米的政権が生まれる可能性がきわめて高い。したがって、民主主義の旗手を自認している以上、アメリカは中間層の支持を得られる政権を擁立することが不可欠となる。

　発展途上国では、軍部の動きにも注視する必要がある。軍部が分裂し、一部が独裁政権から離反し、かつ民主的選挙が行われれば、民主的政権が実現する可能性が高い。しかし選挙が行われなければ、軍部が政権を掌握するこ

第5章　親米傀儡政権樹立の課題と中米・カリブ海地域

図5-1　親米独裁政権の成立期間（年数）と現在の親米独裁政権

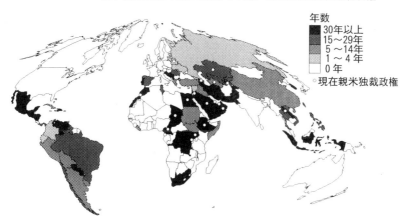

資料：Wikipedia, "List of authoritarian regimes supported by the United States"

図5-2　親ソ（露）独裁政権の成立期間（年数）と現在の親露独裁政権

資料：Wikipedia, "List of authoritarian regimes supported by the Soviet Union or Russia"

とになる。したがって米国は、米国と革命勢力との連携を進め、穏健な親米的な政権を支持するように説得しつつ、軍の指導部が独裁政権から寝返るように工作することが肝要となる。こうした間接支配戦略に失敗した場合、米

国は直接軍事介入するか、何もせずに革命勢力の政権を容認するかの二者択一となってしまう。ロバート・パスターによれば、独裁政権の後に、いかにコントロール可能な親米的な（少なくとも、あまり反米的でない）政権に受け継がせることができるかが、アメリカの重要な課題となっている (Paster 2001)。

　アメリカはラテンアメリカばかりでなく、アフリカや他の地域にも親米独裁政権を擁立し、他国に干渉してきた歴史がある（図5－1）。第2次世界大戦後、各国の政権交代を伴う軍事クーデターや弾圧などに、アメリカ軍やCIAが頻繁に関与していきたことが文献的にも立証されている (Blum 2003)。同様に、ロシア（ソ連も含む）が支援してきた独裁政権の歴史もある（図5－2）。

　アメリカが他国の選挙に頻繁に介入してきたことも周知の事実である。第2次世界大戦後から2000年までの時期に、クーデターを起こしたケースを除いて、アメリカが他国の選挙に介入した事例は、連邦政府に公的書類が残っているだけでも、45ヵ国において81回にのぼることが明らかになっている (Levin 2016)。たとえば、1984年と1985年のグアテマラの選挙でもアメリカは介入している。このようにアメリカが他国の選挙に介入してきたことや、アメリカでのメディアの報道はかなり偏向していたことも豊富な資料によって実証されている (Herman and Chomsky 1988)。

（2）政権交代の失敗例

　これまで米国が深く関与した独裁政権の交代で、アメリカにとって最悪の結果となったのは、キューバ革命（1958〜59年）、イラン革命（1978〜79年）、ニカラグア革命（1978〜79年）の3つの事例である。いずれもアメリカ政府・企業に敵対的な社会主義的政権あるいは過激なイスラム教の政権の成立を許してしまった。

　キューバでは、独裁者フルヘンシオ・バティスタが1933〜44年および1952〜59年の18年間支配してきた。1952年の時点でバティスタに対する国民の支持率はすでに低下しており、若きフィデル・カストロを先頭に抗議運動が起きていた。反政府勢力は次第に支持層を拡大し、穏健な中間層の支持も獲得

し、徐々に勢力を増していった。米国もさすがに独裁政権から距離をおき始め、1958年4月には米国もバティスタに批判的な措置をとったが、米国は支援すべき第三勢力を見出すことができなかった。そのため米国にとって最悪のシナリオに帰着し、カストロのキューバ革命は成功することとなった。

ニカラグアではソモサ一族の支配が続いていた。その間、汚職と弾圧政策が酷く、米国は1960年代からソモサ一族に対して大統領再選を諦めるように説得を試みたが、失敗している。フォード政権（民主党、1974年8月～77年1月）はソモサから距離をおき、反対勢力と接触を始めた。しかしマルクス・レーニン主義を掲げるサンディニスタの勢力が中間層からも支持され拡大し国際的にも支持を広げた。カーター政権下（民主党、1977～80年）の対応は失敗し、サンディニスタはソモサの次男を追放し、1979年にサンディニスタ政権が成立した。

キューバでもニカラグアでも、米国は中間層の動向を正確に察知しておらず、革命ゲリラの支持層を広げてしまった。アメリカ政府もそして軍部も最後まで独裁政権を支える側にあると受け止められ、人々の間に反米意識を煽ってしまった。イランでも同様に1979年にイラン革命が起こった。

コラム 5.1 イラン　1953年のクーデターと1979年のイラン革命

イランでは、1953年にムハンマド・モサデク首相が民主的に選挙で選ばれて政権についた。モサデク首相は国民主義的な指導者で、外資に支配されている石油の国有化を図った。米国は石油の国有化を許容せず、CIAはクーデターの秘密工作を開始した。米国はクーデターでモサデク首相を辞任に追い込むことに成功した。政権交代で米国の意向に沿う政権を担ったのはシャー（国王）であった。シャーは以前から米国と親密な関係を保っていた。

それまでイランの石油を支配していたのはイギリス（アングロ＝イラニアン石油会社　AIOC）であった。第2次世界大戦後、モサデク首相が石油会社を国有化するというので、イギリスはイランのモサデク首相を退陣させようとアメリカのトルーマン大統領に支援を依頼したが断られた経緯があった。後にイギリスはアイゼンハワー大統領に働きかけ、モサデク首相の退陣にむけて協力

を取りつけた。これは第2次世界大戦を契機に、イギリスの国力が弱まり、世界の覇権国がイギリスからアメリカにシフトすると同時に、中東の石油の支配権もシフトしていくという典型的な出来事であった。

　CIAは、カーミット・ローズベルト（セオドア・ローズベルトの息子）をイランに派遣した。彼の任務は民主的に選挙で選ばれたこのモサデク政権を打倒することであった。彼はそのためのキャンペーンを開始。最初に彼が手がけたことは、モサデクの連立政権の政党の指導者に賄賂を贈り、連立政権分裂工作を行い、連立政権を解体させたことである。

　次にCIAはジャーナリストに金を支払い、新聞の8割を買収し、新聞にモサデクを攻撃するありとあらゆる嘘を書き立てさせた。世界帝国にとってプロパガンダはいつの時代でも重要な戦術である。

　ローズベルトは宗教的指導者に賄賂を贈った。イスラム教の指導者に「モサデクはイスラムの敵である無神論者である」と糾弾させた。ローズベルトは警察官や軍人にも賄賂を贈り、イランの警察と軍を懐柔し、クーデターの準備を整えた。テヘラン市内のゴロツキのリーダーを雇い、意図的に無法状態をつくりだし、しかも最初に事を起す乱暴狼藉な群衆を攻撃するため、別の乱暴狼藉な群衆を雇った。

　このような周到な準備によってクーデターは首尾よく成功し、米国はシャー（国王）の傀儡政権を樹立した。シャーは米国の従順な手先であるという伝聞が広まった。

　CIAは、イランの政権をクーデターで打倒したように、今度は政権樹立後1年も経たないうちにバナナ資本の土地が農地改革で接収されたグアテマラで、同様な手法でクーデターを引き起こした。しかも、その手法はイランでとられた手法と同様で、その後のCIAが秘密裡に関与したクーデターでは、その方法が基本的に踏襲されていく。

　ところが、このクーデターの20年後には米国とシャーの関係が逆転してしまう時代が到来する。シャーの圧政に対しての反発とイスラム教宗派勢力などのは勢力が拡大し、ついに1979年1月にイラン革命が勃発する。同年1月、シャーは出国、代わって2月、アヤトラ・ホメイニが亡命先のフランスから飛行機で帰国、テヘランに降り立った。その後、政府と軍隊を掌握し、反米的なイラン新政府が樹立された。

　このイラン革命は、イランの社会を一変させた。革命前までのシャーのイランは欧米化した世俗的社会であった。1970年代のフォークソングやビートルズなど当時の若者に人気の音楽が広まり、アイビールックやジーンズなどの流行

のファッションの若者が街にあふれていた。欧米で普通に見られた若者文化が享受されていた。

　ところが、このイラン革命後、イスラム教のシャリア法が厳格に適用される国に変わった。人々の服装はイスラム式の服装に変わり、女性は、チャドルを身にまとうようになった。頭をスカーフで被い、黒の長服を身にまとい、肌を露出しなくなった。社会の価値観がイスラムの戒律に厳格に支配されるイスラム教国に転換したのである。イスラム革命以降は社会・文化面だけでなく、経済面でも影響が及び、経済成長は鈍化した。

　1979年はイラン革命の成功の余波が周辺各国へと波及していった年である。ソ連の影響圏内でもイスラム民族主義が強まり、アフガニスタンでもイスラム民族主義が台頭した。対ソ連という思惑があり、アフガニスタンでは、CIAがイスラム過激派であるハジャマディーンを訓練・支援した。そうした米国の動きもあり、ソ連はアフガニスタンの傀儡政権を防衛するためにアフガニスタンに侵攻した。ソ連軍の駐留は10年に及び泥沼化し、ソ連崩壊の一因ともなった。

　一方、中米では1979年に、ニカラグアのサンディニスタによるクーデターが起こり、反政府ゲリラと政府軍との10年以上続く内戦の発端となった。これは冷戦下での米ソの代理戦争として激化した。このような世界各地に発生した1979年の混乱はカーター政権にとって致命的となり、カーターの再選が阻まれた。

　キューバ革命、イラン革命、ニカラグア革命の3つの事例は、国民のなかでも特に中間層が反米的革命勢力を支持、連携し、米国にとって最悪の結果となったケースである。一方で旧独裁者から軍部は離反することはなかったという点も共通している。

　長期化した親米独裁政権の下で、反政府ゲリラと中間層の穏健派が手を結び、軍部が独裁者の亡命まで離反しないで一体となっていると、反米政権が生まれる確率が最も高い。しかし、米国が軍部を取り込むことに成功し、軍部の一部でも独裁者から離反させられれば、軍事クーデターで軍部が政権を掌握することができる。このような理由から、ラテンアメリカでは1970年中頃まで親米的な軍事独裁政権下の国が多かった。

(3) 政権交代の成功例

　一方、アメリカにとって一時友好的であったもののその後、腐敗した独裁政権の政権交代における民主化の成功事例は、フィリピン（1983〜86年）とチリ（1988〜89年）である。穏健な中道派が過激なゲリラとは連携せず、軍部が独裁者から離反したケースである（チリは限定的であったが）。

　フィリピンではフェルディナンド・マルコスによる21年間（1965〜86年）の独裁政権は、国民に対して抑圧的で、また汚職により富を収奪したため、国内では反政府勢力が強くなり始めていた。フィリピンがニカラグアの二の舞になることをアメリカは懸念し、アメリカはなるべく反米的でない大統領候補の支援に転じる戦略をとった。コラソン・アキノ候補は教会、経済界および反マルコス陣営に支持されていた。アメリカはアキノを背後で支援し、軍部を反マルコス側につかせた。1986年2月選挙が行われマルコスが当選するも、不正選挙の声が高まり、100万人の民衆によってマラカニアン宮殿は包囲され、マルコスは米軍に救出を依頼、その後マルコス一家はヘリコプターで宮殿を脱出し、米国に亡命した。

　チリでは1973年のクーデターで政権についたピノチェト軍事政権が、前章で既述したように、シカゴ・ボーイズらの指南のもとネオリベラル改革を行ったが、次第に左翼グループの武装反政府勢力と穏健派が民主化復帰を強く要求するようになった。アメリカはそれに対応するために反政府勢力に国民投票の実施を求めさせ、1988年10月の国民投票を実施させた。投票結果は（ピノチェトの予想に反し）54％の票がピノチェトを拒否した。1990年3月、大統領選挙の結果、キリスト教民主党の政権が誕生した。このような過程を経てアメリカは極端に反米的でない大統領に政権交代することに成功した。このときは限定的であるが軍部も独裁政権に対して反政府勢力を支持する側に回ったケースである。

　1980年代の中頃になると、アメリカは民主的な政権交代を裏で支えるようになった。アメリカはグローバル支配のために各国の民主化という旗印のもと中間層の支持を取りつけつつ、しかも軍部の支持も取りつけ、アメリカ支

配が可能な政権交代をもたらすことを新たな戦略としたのである（Paster 2001）。1980年代以降は民主的な選挙による政権交代が普通になった。

しかしここでアメリカ政府のいう「民主化」とは、再度、親米政権を樹立するという文脈で使われることに注意しなければならない。けっして一般民衆の意向が政治に反映されるポピュリズム的な「民主化」を意味していない。

第2節　ハイチの米国支配の歴史と現代

（1）ハイチの現状

ハイチは、かつてはとても豊かなフランスの植民地であった。サトウキビや綿花が生産され、フランスに莫大な富をもたらした。ハイチの風景は美しく、しかも土地は肥沃、資源も豊富で、「カリブの真珠」とも呼ばれてきた。

コロンブスが、1492年にこの島を発見し、イスパニョーラ島（スペインに似ているので）と名づけた。その後、この島はスペインの植民地となったが、島の西側は徐々にフランスによって侵食され、フランスの植民地となり、「ハイチ」となる。

現在、島の西側はハイチ、東側はドミニカ共和国である。ハイチとドミニカ共和国の国境は空中写真で見てもわかるように、東のドミニカは樹木や草の多い緑の地域と、西のハイチは荒れ地の茶色の地域にはっきりと分かれている。東のドミニカ共和国のほうが、雨量が多いこともあるが、人為的な要因も大きい。また、ドミニカ共和国はムラートが多い国である。

ハイチの人口の95％は黒人、残りの5％の大半はムラートと呼ばれる旧宗主国の白人と黒人の混血でエリート層であり、両者の社会経済的な格差が著しい。国民の大部分は、スペインやフランスの植民地であったということでカトリック教徒であるが、アフリカのベナン起源の呪術ヴードゥー教の影響も根強い。言語はフランス語の影響が強く、ムラートはフランス語、黒人はフランス語とアフリカの言語が混ざったクレオール語を使用する。クレオール語も1961年に公用語となったが、フランス語が公的機関やビジネスでは使

用されるため、クレオール語のみの黒人には不利である。

　ハイチは西半球で最貧国であり、人口の80％は貧困にとどまっている。50％の子どもは栄養不足である。そのため生まれた子どもの3分の1は5歳に達しないうちに亡くなってしまう。ハイチはこれまで暴動、クーデター、貧困、食糧難で苦しんできた。

（2）ハイチ革命

　17世紀以降、カリブ諸島には奴隷貿易によってアフリカ大陸から黒人奴隷が大量に流入した。ハイチはそのなかでも最も多く黒人が流入した地域であったが、過酷な労働や虐待によって死亡率も高かった。1789年、宗主国フランス本国で革命が起きた。このフランス革命の影響を受けて、1791年、その革命の報を聞き、黒人奴隷やムラート（自由黒人）たちが蜂起し、ハイチ革命が始まった。黒人奴隷たちは農園主を襲い、住宅を焼き払い、この革命はとても血生臭いものとなった。一時、反乱はフランス軍によって鎮圧されるが、その後、再蜂起した反乱軍は、イギリスの支援を得て、1803年にナポレオンの軍隊を打倒し、フランス革命の14年後、1804年1月1日に独立を宣言した。

　当時、ハイチではサトウキビやコーヒー豆などが生産されていた。世界の砂糖の3分の2はハイチで生産されており、植民地経営により、ハイチはフランスに莫大な収入をもたらしていた。その豊かな収入源であるハイチを失ったナポレオンは、ヨーロッパ大陸で展開されている覇権争い（対仏大同盟）での戦費調達のため、1803年4月、北米大陸にあった広大なルイジアナ領をアメリカ合衆国に売却してしまった。

　ハイチは1804年、フランスから独立し西半球では米国に次いで2番目に早く独立した国となった。しかも世界初の黒人の共和国であった。ハイチ革命（1791～1803年）は、自由と平等を求めるフランス革命に刺激を受け、黒人奴隷の解放を勝ち得た革命となった。アメリカ革命（独立戦争）やフランス革命は有名であるが、残念ながら1803年のハイチ革命はほとんど語られることがない。他の2つの革命は、自由・平等を掲げていても、黒人やアメリカイ

第5章　親米傀儡政権樹立の課題と中米・カリブ海地域

ンディアンを解放されるべき市民には含まない白人優越主義を温存するものであったのに対し、ハイチの革命は黒人を含む普遍的な平等を目指す徹底した革命であった。

　ハイチは黒人国家を宣言し、黒人の解放を宣言し、他国からの黒人奴隷をもハイチで受け入れたのに対し、白人がハイチの資産を所有することを禁じた。そのためアメリカ南部の奴隷制を導入している南部にとってハイチの革命は脅威と受け止められ、アメリカもフランスもハイチの独立を承認しなかった。アメリカがハイチを国として承認するのは1862年のことである[1]。その間に起きた南北戦争とリンカーン大統領の登場がなければ、アメリカはハイチを認めることはなかったといわれる。

　一方、フランスはハイチに軍艦を派遣して威嚇し、ハイチに対してプランテーション経営者が土地や奴隷を失った代償として高額な賠償金を請求した。ハイチはこれ以上戦闘を続ける余力がなかったため、やむを得ず賠償金の支払いに応じた。しかしその返済には法外の高金利が課せられた。次第に債務が累積し、ハイチが完済できたのはなんと約140年後、第2次世界大戦後であった。この長期にわたる賠償金支払いは、ハイチの経済発展にとって重大な阻害要因となった。国の発展のために必要な道路や水道などのインフラ整備、教育・医療などにほとんど財政支出ができなかったからである。

（3）アメリカによる占領時代とデュバリエ独裁政権時代

　ドイツはカリブ海地域では、後発の帝国主義国であった。そのドイツの干渉[2]が繰り返されるようになった。ドイツの影響を排除するためアメリカのウッドロウ・ウィルソン大統領（1913～21年）[3]は、1915年、債務返済を口実にハイチに海兵隊を派遣し占領した。ウィルソン大統領の路線はアメリカが自由と民主主義の理想を世界に広げるというミッションによって正当化された。アメリカはハイチの憲法を変更させ、アメリカ資本が土地を所有できるようにした。またハイチの関税をアメリカが収奪・管理できるようにし、ハイチの軍事機能もアメリカの支配下に置き、アメリカの資本が流入できる条件を整えた。

125

このアメリカによるハイチの占領は、1934年「善隣外交（Good neighbor policy）」を掲げるフランクリン・ローズベルト大統領（1933〜45年）によって解除されるまで続いた。しかもローズベルト大統領によって占領解除された後でも、アメリカ資本に有利な法律はほとんど変更されなかった。

　ハイチでは第2次世界大戦後も政治は不安定で、クーデターが繰り返された。1957年、クーデターによってデュバリエ政権が成立し、父子による残虐かつ抑圧的な独裁政治が1986年まで続いた。独裁者が民間軍事組織を使って反対者を殺害する暗黒時代であった。

　そんななか、アメリカはハイチ土着の豚がアフリカ豚熱と呼ばれる伝染病に弱いとし、1984年までにハイチの豚を全頭処分させ、アイオワ豚を導入させた。しかし、購入費が高いうえに、ハイチの自然条件には合わず繁殖できず、飼料代も高かったので、このプロジェクトはやがて中止された。ハイチの農家は生活のために必要な豚を失い、アメリカの養豚業を儲けさせるだけだった。

（4）民主的な選挙の時代

　1990年にハイチの歴史で最初の民主的な選挙が行われた。この選挙では大多数の貧困者のために民主主義的な政治を公約とした「解放の神学」を信奉するジャン＝ベルドラン・アリスティド司教が当選した。しかしながら、彼が民衆から支持された政策はアメリカの期待する政策とは違っていた。9ヵ月後にアリスティドはクーデターによって追放された。1994年にアリスティドが復権するまで、軍部がハイチを支配した。

　1994年、アメリカは国連を動かし、全面禁輸などの経済制裁と多国籍軍の創設を決議させて侵攻した。同年アリスティドが復権する条件として、アメリカから要求されたのは厳しいネオリベラリズムの構造調整プログラムであった。アリスティド政権は、関税障壁を取り払い（米の関税率を50％から3％に低下させた）、国内補助金を撤廃した。その結果、アメリカ産米が大量に輸入されることとなり、ハイチの米生産は大打撃を受けた。アメリカ政府は直接支払い制度で農家に米生産コストの41％の補助金を支給しているので、ハ

イチの市場ではアメリカ産米はハイチ産米よりも安くなった。灌漑設備がなく雨水にたよる伝統的な農法を行うハイチの小規模農家はアメリカ産の米に太刀打ちできなかった。ハイチの食料自給率は急落し、農業は衰退した。農民は耕作放棄し、農村から都市へと移動し、大都市のスラム人口が増加した。

アメリカはまた、アメリカ産鶏肉の過剰生産分を、ダンピングを禁じる法制度が整っていないハイチにダンピング輸出し、ハイチの養鶏業をも破壊した。このように「貿易の自由化」と称して米国は農産物・畜産物のハイチへの輸出を増加させ、その結果、ハイチのこれまでの自給的農業は壊滅的な状況となった。

2000年の大統領選挙でアリスティドが再選を果したが、2004年に再びクーデターが起こり、アリスティドはアメリカ軍に銃口を突きつけられて、隣国ドミニカ共和国に脱出した。その後、彼は中央アフリカ共和国（フランスの旧植民地）に追放された。その後、ハイチは臨時大統領の国連への要請という形をとって、国連軍の管理下に置かれた。

（5）2010年のハイチ大地震

2010年1月12日、ハイチの首都ポルトープランス近郊を震源とするマグニチュード7.0の大地震が発生した。多くの建物が倒壊し、都市のスラムに住む多くの人々が被害に見舞われ、死亡者は数十万人に上った。地震の後に発生したコレラの被害者も加わり死傷者の数は驚くべきレベルに達した。地震後、米軍は空港や政府機関などを掌握し、カナダ軍などの国連軍や、すでに駐留していたブラジル軍とともに治安維持に当たった。

地震後の復興計画はアメリカ資本を中心に立案された。ハイチは石油や金などの地下資源が豊富なために、アメリカ資本がハイチで開発を進めている。ハイチを再生させるために、イスパニョーラ島全域に観光客を引きつけるビーチ開発を含む豪華で近代的な都市計画案が作成され、アメリカのような高速道路網、5つの新空港、豪華な観光ホテルなどが建設されつつある。アメリカ人の観光客やビジネスマンにとって魅力的な近代的都市計画が実現されつつあるが、ハイチの一般の貧しい人々にはなかなか恩恵（トリクルダウン）

は及んでいない。

　2016年のアメリカ大統領選挙では、ヒラリー・クリントンとビル・クリントンが運営するクリントン財団が、ハイチで関与した不正会計疑惑もオルターナティブ・メディアでは話題となった。クリントン財団は米国政府からのハイチの復興のための特別予算や他の諸国や団体からの義援金を一手に管理した。ところがクリントン財団は震災で被害を受けたハイチの原住民には何も資金を配分しなかった。被災して住宅を失った人々は支援を受けられずにテント暮らしや掘っ立て小屋に居住し続けざるを得なかった。復興資金は北部の縫製工場建設などの被災しなかった地域の開発などに使われたうえ、その予算に見合う投資効果が得られない杜撰な会計管理の問題も指摘された。縁故によってヒラリーの身内が経営する会社が、ハイチの新しい金鉱の鉱掘権を獲得した。クリントン夫妻はハイチの住民には好感をもたれていない。

第3節　中米における米国の軍事介入

（1）1980年代のニカラグアとエルサルバドルの内戦

　ニカラグアでは1934年から1979年までの長期にわたって、アメリカに「友好的」なソモサ一族による独裁政権が続いていた。
　1979年7月に反帝国主義と社会平等を目指すサンディニスタ民族解放戦線（FSLN）による革命が成功し、反米の革命政府が成立した。当時のアメリカは人権外交の民主党カーター政権下であったのでソモサは見放されたのである。革命政府はダニエル・オルテガを暫定政府の議会議長とし、ソモサ一族の財産を没収し、富や農地を再配分し、教育制度や医療保険の整備・拡充を行った。
　1981年、アメリカの政権が変わりレーガン政権（共和党）は、アメリカの裏庭であるニカラグアに反米政権が成立したことをアメリカの脅威と受け止め、反革命傭兵軍「コントラ」を支援した。革命政府はソ連、キューバに支援を求め、当時は冷戦下、米ソの代理戦争の様相を示した。

第5章　親米傀儡政権樹立の課題と中米・カリブ海地域

　1979年にニカラグアでサンディニスタ革命が起こると同時に、エルサルバドルの政権が軍事クーデターで打倒され、極右勢力のテロが頻発し、それに対し左派ゲリラが蜂起し内戦が勃発した。ニカラグア政府から支援を受けた左派反政府ゲリラが、エルサルバドル政府軍と戦う内戦は泥沼化した。エルサルバドルの内戦は1992年まで続き、政府軍と反政府ゲリラの両者は、弾圧、虐殺、暴行を行ったが、アメリカのレーガン政権はそんな政府軍を支援した。
　エルサルバドルとニカラグアの内戦において、アメリカが支援したのは、エルサルバドルでは政府軍、ニカラグアでは反政府軍という違いがあった。1980年代、アメリカのニュースでは、ニカラグアやエルサルバドルにおけるゲリラ戦のシーンが毎日のように放映されていた。しかし、アメリカ国民はその内戦の背景となる事情を十分に理解できていなかった（Herman and Chomsky 1988）。
　内戦によってニカラグアやエルサルバドルから逃れた人々は、米国では難民申請しても難民と認められず、不法移民として流入した。世界の他地域からの難民は受け入れるが、中米においてアメリカが関与した内戦によって難民化した人々を難民認定しないアメリカのダブル・スタンダードが問題であった。米国内では彼らを保護するために人道主義的な目的で、サンクチュアリー・シティ（sanctuary city, 聖域都市）を設置する運動が生まれた。しかし、サンクチュアリー・シティでは不法移民の犯罪者が検挙され、犯罪率が上昇し、2017年に就任したトランプ大統領（共和党）は不法移民の取り締まりを強化した。
　コントラはホンジュラスを拠点として組織されていた。アメリカはホンジュラスに軍事訓練の拠点を置いた。アメリカに支援されたコントラの傭兵は残虐極まりなく、集落の全員を殺害し、司教や修道女を処刑した。
　米軍の「米国学校」は軍事訓練学校として、1946年パナマに設立され、のちにジョージア州に移転した。これは中米の同盟国に対して、拷問、暗殺、テロリズムを訓練する機関であった。ここで訓練を受けた連中がラテンアメリカ各地で暗躍し、1970年代から1980年代に、軍事政権下での虐殺・拷問にかかわっていた。

（2）ニカラグアのネオリベラル改革

　ニカラグアでは内戦が10年間続き、社会基盤が破壊され困窮化した国民に、1990年から始まったネオリベラル改革が追い打ちをかけた。

　1990年の選挙でサンディニスタは負け、政権交代となった。新政権の下、世界銀行やIMFから出されていた融資条件としてネオリベラル改革が実行され始めた。1990～95年に多数の国営企業は民営化され、電気、水道、電話などの国営企業が民間に売却された。それによって水道料金や電気料金が1990年以来5倍以上に値上げされ、貧困者が支払いできる限度を超えた。一方、物価は上昇するが、賃金は低迷した。国民の60％以上は1日2ドル以下で生活する貧困層である。多くの貧困層は債務の罠に陥った。教育や医療は予算不足で、国民のニーズをカバーできなかった。就学年齢人口の40％以上の子どもたちは学校に通えなかった。

　ニカラグア国内では家族を支えることができる雇用は少なく、海外へ出稼ぎに行き、海外からの家族への送金が最大の外貨収入となっている。農村からは人口が流出し、仕事を探しに都市に人口が集中するが、都市でも失業率が高い。現在100万人近いニカラグア人が隣国コスタリカで働いている。しかもそのほとんどが不法移民である。

　そうした崩壊した経済・社会状況のなかにあるニカラグアでは麻薬が蔓延している。麻薬関連の犯罪も多発している。若者が麻薬に手を染め、暴力団に引き込まれるケースが多く、治安は悪化している。

（3）2007年のオルテガの政権復帰

　ニカラグアでは、2007年にサンディニスタのダニエル・オルテガが17年ぶりに政権復帰した。ベネズエラからの経済支援もあり、良好な経済パフォーマンスを維持した。オルテガ大統領が前政権からIMFの経済プログラムを引き継いだが、2011年にはIMFの経済プログラムの延長が承認された。貧困率が2005年の50％前後から2014年に30％以下に低下した。オルテガ政権下のニカラグアでは経済成長が順調に続いている。オルテガ大統領はもともと左派

第5章　親米傀儡政権樹立の課題と中米・カリブ海地域

であったが、最近はネオリベラルな政策を優先するようになった。現実に適応する政策を打ち出し、輸出が増大し海外直接投資も増加している。2017年現在、オルテガ大統領が連続3期目を続投している。民間部門と政府の関係は良好である。

（4）中米と麻薬

1980年代に中米で内戦が続いた負の歴史の一つとして、麻薬の蔓延がある。米軍によって訓練されたコントラの傭兵たちは、麻薬の密輸も同時に行っていた。CIAはコントラがコカインをアメリカに密輸しているのを黙認するばかりでなく、むしろ手助けし独自の資金源としていたとされている。CIAと麻薬密輸の関係についての多くの著書や噂がある。1980年代後半に米国議会でも調査委員会による報告書が出されたが、政府やCIAが直接関与したことまでは立証できていない[5]。

アメリカ、特に共和党政権のもとでは、麻薬撲滅の名目を掲げて中米に派兵することがしばしばあったが、表と裏があった。CIAが関係した中米の反政府ゲリラは麻薬密輸を行っていた歴史的経緯から、現在でもホンジュラスなどではギャングが多く、麻薬密輸の中継地となっている。メキシコ、ホンジュラス、グアテマラの麻薬カルテルはアメリカ製の武器で武装している。

（5）パナマ侵攻

1989年10月にパナマで実質的な独裁者であり続けたマヌエル・ノリエガの政権転覆を企てたクーデターが起きたが失敗に終った。その年の12月20日、ジョージ・H・ブッシュ（父）米大統領（共和党）は、パナマに米軍を派遣する命令を出し、米軍はパナマに軍事侵攻した。

ベルリンの壁が崩壊してわずか1ヵ月後のことである。侵攻の目的は麻薬取引とマネー・ロンダリングの容疑でノリエガを逮捕することであった。米軍は圧倒的な軍事力でもって侵攻し、人口密集地区を空爆し、翌年1月にノリエガを拘束した。

当時は報道が制限され、この激しい空爆の模様もアメリカのメディアは報

道していない。現地の多くのジャーナリストが逮捕され、ラジオ局が破壊され、テレビ局が占拠された。人口密集地区を砲撃し空爆したわけであるから、多数の犠牲者が出て家を失った人も多かったはずであるが、破壊された街のようすは報道されることもなく、正確な死亡者数も公表されなかった。現地の人権擁護団体の調べでは死亡者数はパナマ市だけで4,000〜5,000人に上るという（伊藤 2007）。しかし、アメリカのメディアはノリエガのことだけを取り上げた。

パナマはコロンビアなどの北部アンデスからのコカイン密輸ルートの中継基地となっていた。ノリエガはアメリカ国内に身柄を移送され麻薬密売容疑等により禁固40年の判決を受けた。アメリカは他国に侵攻してその国の支配者を捕まえ、アメリカに連行して裁判を行った。明らかに国際法違反の蛮行である。

ノリエガは1960年代からCIAの協力者で、レーガン大統領時代にはニカラグアのコントラにも協力し、ブッシュ（父）大統領（元CIA長官、1976〜77年）とも知り合いだった。

1999年末、アメリカはパナマ運河をパナマに返還した。アメリカが撤退した後、中国がパナマにパナマ運河拡張などの経済的投資を活発化させ、軍事的な協力関係も強めている。

共和党政権の蛮行もさることながら、民主党の大統領のカーターとビル・クリントンがパナマから米軍を撤退させてしまい、結局、パナマを中国に明け渡してしまったことは、アメリカの地政学的戦略にとって大きな打撃である。

（6）2009年のホンジュラスのクーデター

中道左派のマヌエル・セラヤ大統領は民主的に選出されたものの、2009年、アメリカに支援された軍事クーデターで国外に追放された。この軍事クーデターで200人以上が殺害され、何千人もの人権が侵害された。オバマ政権はアメリカの伝統的な介入政策を踏襲した。

このクーデターの1ヵ月前の4月、オバマ米大統領は40年続いたキューバ

第5章　親米傀儡政権樹立の課題と中米・カリブ海地域

への経済制裁を解除した。2009年6月のホンジュラスのクーデターとその後の政権交代は、ラテンアメリカで右派政権への転換が起こり始める転機となった。

　2015年7月にはアメリカが支援する政権を批判する大規模なデモが起こった。不正と貧困が支配するホンジュラスは、人口の60％は貧困である。西半球においてホンジュラスはハイチに次いで貧しい国である。また、麻薬の密輸ルートともなっているために、メキシコ、グアテマラ、エルサルバドル、ホンジュラスでは麻薬取引等をめぐって暴力が絶えない。

　ホンジュラスが麻薬の中継地となったのは、1980年代にアメリカがホンジュラスに軍隊を訓練する基地をつくったことに由来している。その一団が虐待、誘拐、殺人を行っている。2009年のクーデター以来、ホンジュラスは殺人率が世界で最も高い国となった。ギャングが蔓延る危険な国となり、警官も市民に対して暴力を振るう。貧しい農民はアグリビジネスの標的にされ、土地を暴力で強引に奪われしまう無法地帯となっている。

　ホンジュラスや他の中央アメリカでは仕事もなく、2014年には親が子どもだけをメキシコ経由でアメリカに集団で送り出す不法移民の流入ルートが形成されるほどになっていた。子どもたちはアメリカで不法移民となるが、オバマ大統領のもとで不法移民に段階的に市民権が与えられるという噂が広まっていた。そのような形で子どもを送り出さなければならないほど、ホンジュラスはギャングが跋扈して子どもにとって危険で貧困な地域になっている。

　2015年、ヒラリー・クリントンが国務長官のときに、直接ホンジュラスのクーデターに関与したことが、彼女の民間アカウントのEメールから発覚した。[6]

　中米やカリブ諸島の一部は「アメリカの裏庭」として、歴史的にアメリカに支配されてきた地域である。ハイチやホンジュラスのように、民主的に選挙で選ばれた大統領が、アメリカの思惑で政権交代をさせられてしまう事例が最近でも起こっている。これらの地域はアメリカに地理的に近いだけに、他のラテンアメリカ諸国よりもアメリカの安全保障上で重要な意義をもって

いるがゆえに、逆にアメリカの軍事介入を受けやすい。アメリカに近い諸国に最貧国が多いのも皮肉である。

【注】

1　19世紀初頭から米国では黒人をアフリカに戻すための運動が展開されるようになり、1820年代からリベリアに向けて黒人を船で送り始めた。リベリアは1847年に独立宣言したが、この時に米国は独立を承認しなかった。南北戦争の時になって、米国連邦政府が1862年に奴隷制を廃止した時に、やっとリベリアの独立を承認した。

2　ハイチでは外国人の土地所有を禁じる法律があったため、ドイツ人はハイチ人と婚姻関係を結んで土地所有を可能にし経済活動を活発にしていた。第1次世界大戦中ルシタニア号事件をきっかけに、1917年アメリカはドイツに宣戦布告した。

3　アメリカの大統領でこれまで4人がノーベル平和賞を受賞している。セオドア・ローズベルト大統領（メキシコの半分の領土を征服し、パナマをコロンビアから取り上げた）、ウッドロウ・ウィルソン大統領（ハイチを保護国とした。また第1次世界大戦に参戦を決断し、パリ平和会議を主催し、国際連盟の創設に尽力した）、ジミー・カーター大統領（ニカラグアのサモザ政権を支持した）、バラク・オバマ大統領（大統領に就任する前にノミネートされた）の4人である。

4　派遣された多国籍軍は、アメリカ軍も含め、被害者の救援活動は行わなかったといわれている。

5　かつてのイギリス帝国がアヘン戦争で儲けたように、イギリスに続く世界帝国のアメリカが麻薬密輸で儲けてもおかしくはない。タイ、ラオス、ミャンマーのゴールデン・トライアングルからのアヘンやヘロインの麻薬密輸にCIAが関与し、アフガニスタンでの戦闘も麻薬取引との関連があると言われている。1986年10月に明るみに出たイラン・コントラ事件では、アメリカが支援するコントラが麻薬密輸していたことも問題となった。

6　2015年にヒラリー・クリントンが国務長官時代に政府のEメールを使わずに、民間のEメールを使って、国家機密に関わる情報をやり取りしていたことが明らかになり、2016年の大統領選でたとえヒラリーが大統領になったとしても弾劾裁判を受けかねない深刻なスキャンダルに見舞われた。2012年9月11日（もう一つの9・11事件）に、リビアのアメリカ大使館員が過激派によって襲撃され、4人が殺害されたベンガジ事件の時も、民間のEメールで

指示がなされていた。

【文献リスト】

Blum, William (2003) Killing hope: U.S.military and CIA interventions since World War II, Common Courage Press.

Chomsky, Noam (2010) Noam Chomsky: US role in Haiti destruction, YouTube, https://www.youtube.com/watch?v=OVVRoWxFB1s

Herman, Herward S. and Noam Chomsky (1988) Manufacturing consent: The political economy of the mass media, Pantheon Books.（ノーム・チョムスキー，エドワード・S・ハーマン共著，中野真紀子訳『マニュファクチャリング・コンセント―マスメディアの政治経済学―』トランスビュー，2007年）

Levin, Dov H. (2016) Partisan electoral interventions by the great powers: Introducing the PEIG dataset, Conflict Management and Peace Science, September 19, 2016.

Paster, Robert A. (2001) Exiting the whirlpool: U.S. foreign policy toward Latin America and the Caribbean, 2nd Edition, Westview Press.（ロバート・A・パスター著，鈴木康訳『アメリカの中南米政策―アメリカ大陸の平和的構築を目指して―』明石書店，2008年）

伊藤千尋（2007）『反米大陸』集英社新書

第6章　グローバルに広がるネオリベラル改革——アフリカと南・東アジア

　前章までは、ラテンアメリカにおけるアメリカ支配の歴史と、1970年代以降のネオリベラリズム改革について論じてきたが、本章では、アフリカと南・東アジアにおけるネオリベラル改革を考察する。

　1980年代にアフリカ諸国は、ラテンアメリカ諸国と同様に、債務危機に陥った国が多かったため、IMFと世界銀行の融資を受け、ネオリベラル改革を実施した国が多い。アフリカは歴史的にイギリス、フランス、ドイツ、ベルギー、オランダなどのヨーロッパ列強によって植民地化された地域であった。かつてアメリカはアフリカにあまり進出していなかったが、IMFや世界銀行などの国際機関を通して支配圏を拡大しようとしている。

　第1節では、エチオピアの飢餓問題、ルワンダの内戦と大量虐殺事件、ソマリアの飢餓問題などの背景にIMFのネオリベラル改革が密接に関係していたことを述べる。しかもIMFのネオリベラル改革と関係して、アメリカの地政学的思惑が絡んだ動きがみられたことが注目される。

　第2節では、アジアの事例としてインドと韓国を取り上げる。インドではネオリベラル改革以降、遺伝子組み換え種子(GMO)が導入され、農民の自殺が増加したと言われている。韓国でも、1997年の通貨危機の際にIMFのネオリベラル改革を受け入れてから、経済の外資支配が強まり、貧困が蔓延し、自殺率が高くなった。

第1節　アフリカでの構造調整プログラム

（1）アフリカ南部地域

　ラテンアメリカと同様に、1980年代初頭から債務危機に苦しむアフリカの多くの諸国はIMFや世界銀行の融資条件として構造調整プログラムを受け入れた。ラテンアメリカほどではないが、アフリカ諸国でも構造調整プログラムの実施によって、ハイパーインフレに陥った諸国が多かった。1980年から2000年までに、アンゴラ、コンゴ共和国などは1,100万％～11億％にも及ぶ破壊的なハイパーインフレに見舞われた（Ould-May 2003）。

　以下、アフリカ南部地域の諸国の事例を紹介する（Jauch 2009）。

　アフリカのアンゴラは、冷戦下の1970年代および1980年代に米ソの代理戦争の場となった。国の産業基盤は壊滅的に破壊され、国民は国際的な食糧援助を得て生き延びるのがやっとの状態であった。1980年代後半、そんなアンゴラに世界銀行とIMFは構造調整プログラムを実施させた。それはすでに壊滅的な状態であった国にさらに打撃を与えるものとなった。

　ジンバブエとザンビアにおいて導入された構造調整プログラムも、民衆に苦難を強いた。基本的な食糧に対する補助金を打ち切られて、食糧を購入することができなくなった民衆は、反政府運動や暴動を起こした。ジンバブエが厳しい要求を受け入れた結果、構造調整プログラムを実施した5年後には、ジンバブエの対外債務は激増した。またハイパーインフレにより自国通貨の切り下げが行われ、ジンバブエの実質輸出額は低下し、経済成長率も低下した。

　1995年、IMFはジンバブエに対しての融資を中止し、政府に緊縮財政を強いた。産業部門によっては失業率が50％に達し、22万人の児童・学生が学校から去った。1990年代初頭には130企業が倒産し、非工業化（de-industrialization）が進行した。ジンバブエは構造調整プログラムを最も徹底して実施する道しかなく、保護政策も撤廃されて、全産業が破壊された。

　モザンビークは、世界のなかで最貧国の一つである。諸外国からの援助金がGDPの3分の2を占める。1975年の独立後、社会主義路線を歩むのである

第6章　グローバルに広がるネオリベラル改革

図6-1　IMFと世界銀行の管理下での経済改革期間（1981〜2004年のうち）

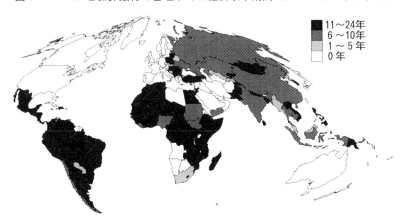

資料：Abourbarb and Cingranelli (2007:89-90), Almeida (2015).

が、隣国の白人国家ローデシアが介入、内戦へ。その後ローデシアが崩壊すると、南アフリカが代わって介入し、20年間にわたる戦争によって、モザンビークは実質的に国が破壊された。1980年代にモザンビークはIMFや世界銀行などの国際金融機関を通して国の再建を図った。民営化は銀行、綿花産業、農業、医療・保健、教育などのすべての分野に及んだ。政府予算案は実質的に債権国によって作成され、もはや国家主権を喪失していた。1989年以来502の国営企業が民営化されたが、そのうちの25%のみが操業を継続しているだけで、3万7,000人の労働者が失業した。

　マラウイは、国際金融機関からの圧力によって、1995年に肥料の補助金を撤廃したため、小規模農家は肥料を購入できず、予備の食糧を販売せざるをえなかった。国の食糧自給に深刻な脅威を与えている。

　南アフリカは、対外債務はそれほど多くはないので構造調整プログラムの実施は強いられてはいないが、同様のネオリベラル改革を実施している。南アフリカは経済制裁と孤立の時代が終わり、グローバル経済に組み込まれつつある。関税障壁の撤廃を含む貿易の自由化によって、特に繊維・縫製産業分野は打撃を受け、1991年から1997年までに20万人の労働者のうち5万人が

失業した。南アフリカの繊維・縫製産業は中国などの東南アジア諸国と価格や質の点で勝てる商品を生産できず、グローバルな競争に負け、多くの工場は閉鎖された。国際資本からの圧力により、南アフリカでも民営化を推進している。

ナミビアは対外債務は多くないのでIMFや世界銀行から融資を受ける必要はないが、構造調整プログラムと同様の経済改革を実施している。これまで教育や医療・保健に多額の予算を支出してきたが、1990年代後半には補助金を大幅に削減し始めている。民営化も開始している。

図6-2　アフリカの地図

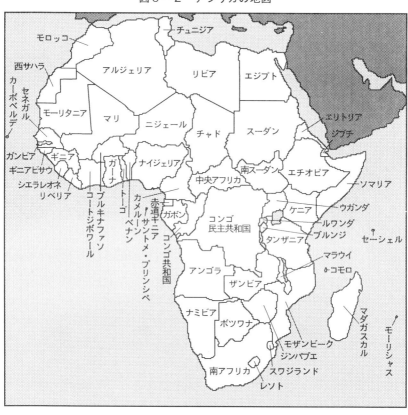

（2）エチオピアの飢餓と構造調整プログラム

①飢餓の本当の原因

　エチオピアといえば、1984～85年や1999～2000年に起きた深刻な飢餓と食糧不足が当時のメディアによって報道されていた。エチオピアは世界の最貧国のひとつであり、最近でも食糧援助を必要とする国である。

　1999～2000年のエチオピアの飢餓の原因に関しては、国際的なメディアは気候変動による干ばつに原因を帰して救済キャンペーンを展開していた。しかしメディアは、エチオピアの飢餓地帯での干ばつや国境での紛争が発生したとはいえ、肥沃といわれる農業地域に居住する何百万人もの人々が、なぜ飢餓に苦しまねばならないのかについて、その原因を十分には追及して報道してこなかった。

　実はこの飢餓の原因は穀物の不足ではなく、IMFと世界銀行によって課された構造調整プログラムの「自由市場」と「苦い経済的投薬」の結果であった（Chossudovsky 2003）。他のサブサハラ・アフリカにおける飢餓の原因も基本的に共通していた。エチオピアの人口の15％にあたる800万以上の人々は「飢餓地帯」に閉じ込められ、都市の賃金は崩壊し、失業者が増加し、土地を持たない貧農層が極端な貧困にあえいでいた。

　エチオピアは本来国内の穀物需要の90％以上を生産することができた。しかし飢餓危機のピークの年であった2000年に、国内の食糧不足は、世界食糧農業機構（FAO）によれば、76万4,000トンであった。アムハラ地方の1999～2000年の穀物生産は、消費需要を20％上回るほどあった。しかし、アムハラ地方の280万の人々は飢餓地帯に閉じ込められていた。アムハラ地方の50万トンの余剰穀物は、国際機関によって「救済食糧用」とされたからである。同様にオロミア地方でも余剰穀物があるにもかかわらず、160万の人々が飢餓で喘いでいた。つまり食糧不足が飢餓の原因ではなく、食糧の配分が問題であったのである。

②構造調整プログラムと農産物の生産と配分

エチオピアでは、干ばつによる飢餓と、1973年の石油ショックによりインフレが引き起こされた。それにより大衆反乱が起き、1974年に、4000年の歴史といわれた帝政が打倒され、軍による左派政権（親ソ）が誕生した。その後、エチオピアでは内戦状態が長期に続いていたが、1991年についに親ソ政権は崩壊した。新しい暫定政権となったエチオピア人民革命民主戦線（EPRDF）は、前政権下で増大した莫大な対外債務の返済をせまられた。債権者の金融機関が集まったパリクラブ[1]は、エチオピアに対して債務再編の条件として広範な分野に及ぶマクロ経済的改革を要求した。暫定政権はマルクス主義的なイデオロギーをもっていたが、ネオリベラル改革を実施した。そしてワシントンはウガンダとともにエチオピアを、アフリカにおける冷戦後の自由市場改革のお手本としてもてはやした。

構造調整プログラムの実施によって、社会的な予算は削減されたが、軍事予算は1989年の4倍に増加した。ワシントンはエリトリアとエチオピアの国境紛争にあって両陣営を支援し、米国の武器販売は急増した。武器産業と同様に、米国のアグリビジネス関連企業も、ポスト冷戦の時代に戦争で疲弊した国々に「支援物資」を送って利益を得た。膨大な軍事費とともに債務返済のために、エチオピアの輸出収入の半分には債務が紐付いていた。このようにしてエチオピアは皮肉にも最貧国の一つでありながら、サブサハラ・アフリカにおいて最大の軍事大国となった。

エチオピアの緊縮財政は戦後復興の芽を摘んでしまうものだった。貿易の自由化、国営産業の全面的な民営化、教員や医療関係者を含む公務員の削減、給与の凍結、過剰労働力を解雇できるようにした労働法改正などが実施された。一方で、不正・腐敗が横行した。国営企業は破格の金額で競売にかけられ、外国資本が獲得した。

農産物の価格統制や農民への補助金も廃止された。輸送費も規制が緩和され、遠隔地の輸送費が上昇し、干ばつに襲われた遠隔地の食糧価格が高騰した。一方、農家の肥料や種子などの公的管理は民間に移管した。1992年に米国は自由市場改革の見返りとして、大量の肥料を寄付し、さまざまな農業用

の肥料や種子などがエチオピアに投入された。それゆえにエチオピアの農業は米国のアグリビジネス関連企業に支配されることになった。

　穀物の自由市場化は、国内の伝統的な食糧自給システムを破壊した。IMFの介入によってEUや米国の余剰穀物がダンピングされるまでは、エチオピアでも、マラウイやジンバブエでもかつて余剰食糧があり、ルワンダでも1990年までは食糧自給がほぼできていた。

　ケニアは西アフリカでは豊かな穀倉地帯であったが、1991～92年に飢餓が発生した。ケニアはIMFの処方箋に従わない「ブラックリスト」に掲載されていた国だった。しかしIMFの処方箋に従い、穀物市場の規制緩和を実施した後に、ケニアの東部と東北部の国境沿いの半乾燥地域において、食糧価格が高騰し、飢餓が発生したのである。しかもケニアでは穀倉地帯の一部でも飢餓が発生した。収穫された穀物は海外に輸出され、国内市場にも穀物は存在したにもかかわらず、IMFの経済改革によって貧困層の購買力が低下したためである。

　エチオピアで1999～2000年に発生した飢餓のときにも、エチオピアは穀物（トウモロコシ）を海外に輸出していた。かつて1840年代のアイルランドのジャガイモ飢饉（菌によるジャガイモの伝染病によって壊滅的な被害を受けた）のように、食糧を輸出していながら、国内に餓死者が出たのである。しかも、エチオピアは飢饉のための穀物備蓄を廃止するようにIMFに要求されていたので、当時、エチオピアの穀物備蓄は底をついていた。

　アメリカは1999年の飢餓救済のためと称して、遺伝子組み換えのトウモロコシをエチオピアに寄付した。50万トンのトウモロコシの寄付は、アメリカ合衆国国際開発庁（USAID）から世界食糧プログラム（WFP）を含む救済基金を通して行われた。そのうち少なくとも30％は遺伝子組み換えのトウモロコシであった。遺伝子組み換えの種子が混入された食糧援助によって、エチオピア在来種が駆逐され、それまで維持されていた生物多様性が崩壊した。構造調整プログラムによって、アメリカのバイオテック企業が、飢餓救済や緊急援助に見せかけて、遺伝子組み換えの種子を売りつけたのである。

　緊急支援は飢餓の「解決」ではなくて「原因」である。意図的に遺伝子組

み換え種子に依存する状況をつくり、現地の環境に適応できない種子は、環境変動の影響を大きく受けることになり、それが将来の飢餓の発生をもたらすことになる。

遺伝子組み換えの種子を開発した種子会社（モンサント等）は知的所有権を主張し独占販売できる。そのため遺伝子組み換え種子を購入すると、毎年、種子会社から種子を購入しなければならなくなる。また、種子に加えて、それに合致した肥料と農薬も購入しなければならない。しかも、万が一、気候変動などの影響で期待した収穫が得られない場合は、それまでの種子代や肥料代の借金が返済できない。現地の生物多様性を尊重した農法のほうが気候変動には強い。

③最近のエチオピア情勢

そんな世界の最貧国の一つであるエチオピアでは、海外からの食糧援助が常態化している。首都アジス・アベバでは300もの慈善支援団体が活動している。海外からの食糧援助は援助国の農家を潤すが、食糧援助の受け入れ国の農業は破壊される。海外から無料の穀物が国内市場に流通するため、国内市場の農産物価格は国内農家の採算ライン以下に低下するからである。実際、エチオピアの1人当たりの穀物生産量は1984〜2002年の間に3分の1以下に減少した（Weidemann 2005）。食糧援助に依存する体質は、国内の農業自給を衰退させ、けっして本当の援助にはなっていない。

エチオピアの過去10年間の実質GDPの成長率はめざましく、アフリカの成功事例だと世界銀行は賞賛する[2]。しかし、エチオピアのめざましい経済成長の裏で貧困が広がり、若者の潜在的失業率は50％になっている。

若者の高失業率問題の原因は、人口構造と産業部門にある。人口構造はかつての出生率が高かったために（2000年の合計特殊出生率は6であった）、年齢階級別人口グラフは裾野が広がる典型的なピラミッド型になっている。しかもエチオピアでは雇用を生み出す工業やサービス産業があまり発展していない。農業部門が労働人口の80％、GDPの40％余りを占めている。公式の統計上の失業率はそれほど高くないが、若者世代を吸収できるほど雇用を創

出できる産業はない。したがって、都市の失業率も高く、国外へ職を求めて移動する者も多い。

エチオピアは、プロテスタントも含めて人口の60%はキリスト教徒であり、残りの40%はイスラム教徒である。紀元1世紀から、キリスト教の一教派であるコプト教徒がいる。もともとキリスト教徒のほうが多かったが、周辺国からの威嚇と暴力によって、イスラム化が進んでいる。

1990年代からスーダンやソマリアの隣国から支援されたイスラム過激派の攻撃を受けた。最近では国内のイスラム教徒によってキリスト教徒が攻撃を受けるようになった。政府も表現の自由と集会の自由を制限し、抑圧的である。現政権の政党支持者でなければ、雇用で差別されるなど政治的な自由も失われている。エチオピアでは貧困、抑圧、差別などの理由が重なって、若者がリスクを冒しても不法移民として国外脱出するケースが増加している。

たとえば、若者は不法移民としてサウジアラビアに向かったり、リビア経由でイタリアへ向かったりする。しかしキリスト教徒のエチオピア人はイスラム教徒の国で迫害に遭うリスクが高い。2015年にはリビアでキリスト教徒のエチオピア人移民30人がISISによって殺害される衝撃的なビデオが公開され報道された。

(3) ルワンダの1994年虐殺事件と構造調整

1994年にルワンダで起きた大量虐殺事件は世界を震撼させた。フツ族によってツチ族が50万〜100万人虐殺された。メディアは、ツチ族とフツ族の部族間対立の帰結として、大量虐殺が発生したと伝えた。このフツ族とツチ族の対立は、そもそもベルギーの植民地支配に起因する。ベルギーはルワンダを分断統治するために、少数派のツチ族を支配層として間接統治体制を築いた。ツチ族は遊牧民、フツ族は農耕民として区別し、両部族を社会的にも分断した。そして伝統的な共同体を弱体化させ、農業を輸出用の換金作物生産へと転換させた。

1962年にルワンダは独立するが、ベルギーの分断統治の名残として部族間の対立が続いた。1973年、フツ族の国防大臣がクーデターで実権を握り、絶

対多数（85%）を背景に部族間の対立を煽っていった（ツチ族は14%）。

　ベルギーの植民地支配下で発達したコーヒー豆の輸出経済も維持され、コーヒー豆がルワンダの外貨収入の80%以上を稼ぎ出していた。政府の歳入の大部分はコーヒー豆に依存するほどであった。ところが世界市場のコーヒー豆価格の暴落によって、ルワンダの輸出収入は1987〜91年までに50%減少した。コーヒー豆価格の下落によって、農家も打撃を受け、ルワンダでは飢餓が広がった。

　対外債務が増大していたルワンダに対し、世界銀行はネオリベラル改革を助言した。具体的には、貿易の自由化、通貨の切り下げ、すべての農業補助金の廃止、コーヒー豆安定化基金の廃止、国営企業の民営化、公務員の削減であった。ルワンダ政府に選択の余地はなかった。

　1990年9月に、IMFとの交渉で融資が決定したローンは、商品輸入代金の支払いばかりでなく、カラシニコフ銃、火器、弾薬などさまざまな武器購入の支払いに充当されることになっていた。同年10月、ルワンダ軍は増員を行い、主に都市で増大していた失業中の若者を兵士として募集した。このとき兵士になった若者たちが、あの大量虐殺を行うことになる。

　1990年11月にルワンダの通貨は50%切り下げられた。それはウガンダから越境してきた反政府軍による突然の攻撃から6週間後しか経過していない時であった。ウガンダには1959年の騒乱で国外脱出したツチ族がおり、ウガンダ内戦（1981年〜86年）では反政府側で戦い勝利していた。その余勢をかってウガンダにいるツチ族がウガンダ兵とともに、ルワンダ国内のツチ族を支援する反政府ゲリラとなって侵攻したのである。

　この1990年の通貨切り下げは、コーヒー豆の輸出を促進するためであったが、通貨切り下げによってインフレが起こり、実質収入が激減した。燃料や基本的な必須商品の価格は値上がりした。経常収支は悪化し、1985年以来増加してきた対外債務はさらに増加した。政府の行政も混乱し、国営企業は破産に追いやられ、公的サービスも崩壊した。栄養失調の子どもが激増し、マラリアの感染者も激増した。公立小学校では授業料を徴収するようになったので、学校に登校する生徒が激減した。

第6章　グローバルに広がるネオリベラル改革

　1992年にルワンダの経済危機は頂点に達した。同年6月には、IMFの指導で2回目の通貨切り下げが実施された。さらにインフレが亢進し、コーヒー豆生産はさらに25％減少した。インフレにもかかわらず、政府は世界銀行の助言に従って、コーヒー豆の庭先価格を1989年レベルに維持した。コーヒー豆からの収入が激減した農家は、食糧を十分に買うこともできないほどになった。農民は失望して何十万本ものコーヒーの木を切り倒した。農家に資金を貸し出す貯蓄組合も解体され、そのうえ、貿易の自由化と先進国からの食糧援助は国内のローカルな市場を混乱させた。そしてついに飢餓が蔓延した。

　1990年に始まったルワンダ内戦の開始時期から、ワシントンは、フランスやベルギーの歴史的な勢力圏であった地域を、アメリカの勢力圏に変えようとする地政学的な意図を隠しもっていた。隣国のウガンダは、アメリカ（およびイギリス）が支援するゲリラが、スーダン、ルワンダ、コンゴへ侵攻する前進基地となった。

　一方、ルワンダのフツ族の政権はフランスからの軍事資金援助を直接受けるとともに、世界銀行と関連するさまざまな国際金融機関や、ドイツ、アメリカ、ベルギー、カナダなどの支援を受けていた。世界銀行から融資された資金で武器を購入することは禁止されていたが、内戦時にフツ族がツチ族を大量殺人するために使った山刀は、「民生品」の名目で輸入されていた。

　1994年4月、民族的大量虐殺が起きた。そしてツチ族保護を名目にルワンダ愛国軍が介入し、全土を完全制圧、新政府が樹立された。前政権の債務は一切交渉しないまま、古いローンが戦後復興の名目で新たなローンに転換され、大量虐殺に用いられた債務をルワンダ政府は返済することとなった。IMFの内戦後改革案は1990年の時よりもはるかに厳しいもので、賃金や雇用は底をつくほどになり、残されていた国家資産は外資に安価で売却された。しかし、このような厳しい緊縮財政にあっても軍事予算は増加し続けた。

　このようにアメリカは1994年にルワンダに親米政権を樹立させた後、アメリカはルワンダとウガンダの両政府軍を使って、1996年にフランスとベルギーの勢力圏にある旧ザイールに侵攻させた。そして同国政権を転覆させ、1997年5月には反政府軍に政権を取らせ、国名を「ザイール」から「コンゴ

民主共和国」と変更させた。コンゴには軍事産業には欠かすことができない重要な鉱物資源（コバルトを含む）が豊富にある。

　コンゴの新政権もIMFからの指導によって、公務員給与を凍結した。インフレ亢進によって、公務員の平均月給は米ドルに換算すると１ドルにまで低下した。IMFの要求は全国民に極端な貧困を強いたため、コンゴの内戦を刺激し、内戦の長期化につながった。

　以上のべたように、1994年のルワンダの大量虐殺の背景には、国際金融機関による経済構造改革実施に伴う急激な経済的混乱というショックと、本来経済再建に充当すべき債務の一部で武器を購入し、大量虐殺を行い、アメリカ軍やCIAの秘密工作によって引き起こされた内戦というショックがいくつか重なっていたことが明らかになった。しかし当時、報道に当たった国際メディアは、ルワンダの内戦が経済危機に根ざして火がついたことについては言及しなかったばかりでなく、アメリカの地政学的思惑を取り上げることもなかった。国連ルワンダ支援団（UNAMIR）がなぜルワンダの大量虐殺を阻止することができなかったのか、当時も疑問視されていた。

（４）ソマリアの飢餓と構造調整

　ソマリアは、伝統的にアラブやペルシャと交易する経済で成り立っていた。人口の半分は遊牧民であったが、1970年代から遊牧民の定住化政策が始まり、商業的牧畜が奨励されるようになった。

　1980年代初頭からのIMFと世界銀行の関与が、ソマリアの農業危機をいっそう悪化させた。対外債務の返済のために、融資条件として緊縮財政が強いられた。構造調整プログラムはソマリアの輸入穀物への依存度を強めさせた。1970年代中頃から1980年代中頃までに、食糧援助は15倍に増加した。それは毎年31％の増加率であった。輸入穀物の増加とともに、安価な小麦と米が国内市場で取引され、国内農業生産が深刻な打撃を受けた。伝統的な食糧であるトウモロコシやソルガム（乾燥に強いヒエの一種）の消費も激減した。

　1981年６月、IMFによって求められた通貨の切り下げの後にも、何回も通貨の切り下げが続いた。燃料や肥料の価格の高騰、農業に打撃を与えた。

第6章　グローバルに広がるネオリベラル改革

灌漑された良質な農地では、高付加価値のフルーツ、野菜、搾油用種子、綿花などの輸出向け農作物の作付けが奨励された。輸入された家畜用薬品やワクチンの価格が上昇した。世界銀行は遊牧民から獣医の医療費を支払わせることを強いた。しかも畜産省の機能は廃止され、民営化が促進された。干ばつ時に家畜の餌の供給もなく、水の商業化と水の保全に対する政府の無策が重なって、遊牧民の生活基盤は破壊された。1984年には、サウジアラビアなどの湾岸諸国に対するソマリアからの家畜輸出は激減した。

遊牧民は飢餓に喘ぎ、農民は穀物を家畜と売買あるいは物々交換ができなくなった。

ソマリアではEUの牛肉や乳製品を関税なしで輸入している。EUの直接支払い制度の農業補助金を受けた畜産品はアフリカの牧畜生産を壊滅させた。EUの牛肉は国内産の牛肉価格の半額で販売された。畜産業を壊滅させられたこれらの諸国では、オーストラリアやEUから牛肉を輸入するようになった。しかも家畜の疫病の伝染が収束しても、サウジアラビアはソマリアからの家畜の輸入禁止を解除しなかった。

ソマリアへの援助国は資本や設備の輸出ではなく、食糧援助の形で援助した。政府は食糧援助を国内市場で販売し、その販売利益を開発プロジェクトの支出に使えた。1980年代初頭までには、そのような食糧援助の販売が政府の主要な収入源となった。一方、援助国はこれを通じ政府予算をコントロールできた。

医療と教育の予算も大幅に削減された。学校に通う子どもは、1981〜89年に41％減少した（子どもの数は激増していたが）。教材はなく、校舎は老朽化し、小学校の4分の1近くが閉鎖された。教員の給与も大幅に減らされた。

ソマリアは、1991年に内戦が勃発し、それ以降、無政府状態が続き、国家は分断されたままである。

（5）IMF構造調整プログラム——アフリカでの結果——

世界中で構造調整プログラムは実施されたが、アフリカほど構造調整プロ

グラムによって元来の地場経済が壊滅させられ、経済成長が阻害された地域は他にない。アフリカ諸国の将来を考えれば、医療・保健、教育等への支出を増大させなければならない状態であったのにもかかわらず、構造調整プログラムを強制されることによって、それらの必要な予算が削減されてしまった。

　アフリカの構造調整プログラムを実施した諸国では、1人当たりの教育予算は1986年から96年の10年間に減少した。膨大な債務を負う貧困国では、債務を減らすことができず、構造調整プログラム実施諸国では、対GDP比の対外債務額が1985～95年に71％から88％に増加した。サブ・サハラのアフリカ諸国では1988～96年に58％から70％に増大した。ウガンダやモザンビークのような債務負担が重い国では、必要な社会サービスへの支出をさらに削減せざるをえなかった。国の富が先進諸国に吸い上げられ、自立への道が閉ざされていっているのである。

　ボツワナはIMFによる本格的な構造調整プログラムを実施することがなかった例外的な国である（Stiglitz 2002）。ボツワナの経済成長めざましく、アフリカにおける成功事例である。ボツワナは1966年にイギリスから独立し、単一部族が支配的で、政治的に安定している。独立後にダイヤモンド鉱山の開発が始まり、国家予算の半分はこのダイヤモンド収入で賄われている。ボツワナでは、このダイヤモンドが国家財政基盤を強固にしている。

　しかし、ボツワナでは1980年代からHIV/AIDS感染が広がり、1990年代初頭から平均寿命が低下し、2006年には36歳に低下した。その後、予防や治療プログラムの推進によって平均寿命は上昇しつつあるが、2013年のHIV/AIDS感染者は15～49歳人口の21％である。

第2節　アジアの新自由主義的改革

（1）インドの綿花を遺伝子組み換え種（GMO）で席巻したモンサント

現在インドで栽培される綿花種子の95％は、米国のモンサントにコントロ

ールされている。インドの綿花生産量は、中国、アメリカについで世界第3位である。

モンサントがインドに入ってきたのは1988年であった。きっかけは世界銀行がインド政府に要求した種子部門の規制緩和に始まる。

モンサントが持ち込んだ種子は従来の伝統的な綿花種子を放逐した。最初ハイブリッド（F1）種子を農薬・肥料のセットで販売し、次に遺伝子組み換え（GMO）種子のBt種子を農薬・肥料とセットで販売を始めた。農民は毎年高額な種子・農薬・肥料を購入しなければならなくなった。特にGMO種子のセットのコストは上昇した。同種子はモンサントの「知的財産」であり特許が取得されていることもコスト高の要因の一つである。

これまで農民は他の食糧となる農作物と綿花を一緒に栽培する多角経営をしていた。しかし、政府により綿花のモノカルチャーを強制させられたため、干ばつや病虫害などによる不作が発生したときに経済的脆弱性が露呈する。

1995年にモンサントは、Bt技術（Bacillus thuringiensis, バチルス・チューリンゲンシス：殺虫微生物の遺伝子を種子に組み込むこと）をインドの合弁会社を通して導入した。モンサントはBt綿の商業的販売が法的に許可される2002年以前に、違法であるのにもかかわらずGMOのBt綿の試験的な導入を図り、翌年には商業的な販売も開始した。インドはモンサントのGMOの実験場となり、2009年にはインドで生産される綿花の85％はBt綿となった（CHR＆GJ 2011）。

（2）農民を自殺に追いやるモンサント種子

インド西部マハラシュトラ州（州都はムンバイ）は綿花栽培が最も盛んな州である。しかし、農民の自殺率が高い州である。Bt綿が導入されて以来、自殺者が増加し、インド全体では1990年代中頃から20～30万人の農民が自殺したと環境運動家によって伝えられている。農民のなかには借金返済で苦しみ、モンサントの農薬を飲んで自殺する者が絶えないという。農民の自殺率の高い州は、マハラシュトラのほか、アンドラ・プライディッシュ、グラジャード、カルナタヤなどの綿花栽培地帯に集中している。

モンサントがインドに参入すると、GMO種子を販売始め、農民のコストが上昇した。GMO種子はモンサントへ毎年支払うライセンス料のほかに、高額な種子、肥料、農薬を毎年支払わなければならない。農民は高利貸しから借金し、これらを購入する。しかし干ばつなどで収穫できないと、借金が返済できなくなり、多くの貧しい農民は債務の罠に陥る。

　Bt綿と農民自殺の因果関係に関しては、賛否両論がある。もちろんモンサントは否定している。GMO種子がインドで本格的に導入される前の1990年代中頃から、農民の自殺が増加し、社会問題になっていたからである。現在のところ、この論争に結論は出されていない。

　筆者は1991年から開始されたネオリベラル改革が、インドの貧農に構造的問題をもたらし、自殺者の増加に繋がっていると推察する。インドでは世界銀行やIMF、その他の国際金融機関の勧めによって、1991年から本格的なネオリベラル改革が開始された。

　この改革によって、従来、政府の管理下にあった種子供給制度を解体し、政府の農業補助金を大幅に削減した。農民は民間種子会社から、補助金のない高い種子を購入しなければならなくなった。

　綿花のような換金作物はグローバル市場の価格変動に左右されやすい。インドでは通貨ルピーの切り下げに伴い、綿花価格は下落した。一方、関税を下げ農業市場を開放したために、アメリカやEUから政府補助金によって安い農産物がインドの農産物市場に流入し、インド国内の農産物価格を低下させた。インドの小規模農家はその低価格に太刀打ちできなかった。

　インドの綿花栽培農家の65%は灌漑を利用できない雨水農法である。Bt綿はより大量の水を必要とするため、灌漑設備のない雨水農業地域の農家にとっては、干ばつによる打撃は大きい。Bt綿は「灌漑された農地で作付けすること」と英語の注意書きが付けられているが、識字率の低さもあり、多くの農民はその注意書きを読むことができなかった。

　1991年の経済改革で、通貨の切り下げと綿糸輸出の規制を撤廃したため、国内の綿糸価格が急騰し、家内工業の綿織物収入が激減した。機織りの実質収入は60%以上も低下した。切り下げと食糧などの補助金の撤廃によって、

米や小麦の価格も50％上昇した。他の製造業も民営化、規制緩和のなかで、大量の失業者を出した。

しかも金融自由化によって、従来から農村にあった相互扶助的な信用協同組合は解体された。多くの農民は民間の高利貸し（年利40％にもなるという）から借金をしなければならなくなった。高利貸しは、食糧生産のための農作物に対しては農民に貸し付けない。債務の返済前に、食用にされてしまう可能性があるからである。よって高利貸しは食べられない換金作物、たとえば綿花に対してのみ貸し付ける。

1991年、ネオリベラル改革を導入した年の後半には、インド国内でかなりの餓死者が出るようになった。しかし皮肉なことに通貨切り下げと規制緩和によって、インドの米輸出は増加したのである。ネオリベラルな改革は、もともとカースト制度があったインドで、貧困問題をさらに深刻なものにした。農民の自殺の増加の原因は、モンサントの種子も一つの要因であるかもしれないが、ネオリベラル改革によってもたらされた市場原理の構造的問題こそが、貧困層を直撃したと考えるべきであろう。

第3節　1997年のアジア通貨危機と韓国の経済改革

（1）1997年のアジア通貨危機

1997年にアジア通貨危機が発生した。7月にタイの通貨バーツが暴落したのを皮切りに、フィリピン、マレーシア、インドネシア、韓国と各国通貨が次々に暴落した。この東アジア5ヵ国は当時、日本企業が積極的に進出していた地域でもあった。

この時代にはどの国も自国通貨の為替レートを決める際、米ドルと連動させるペッグ制（固定相場制）を採用していた。東アジア5ヵ国の通貨と円との間で国際的に資金を移動させる場合、まず現地の国の通貨を米ドルに交換し、次に米ドルを円に交換するという二重の為替相場を通じて決済が行われていた。1997年以前の東アジア諸国は海外からの投資が増加し、順調に経済

成長を遂げており（バブル経済になっていた）、貿易収支は赤字の国が多かった。

　欧米のヘッジファンドは、東アジア諸国の為替相場は実態よりも過大評価されていると判断し、投機の対象とした。ヘッジファンドは通貨のカラ売りを仕掛け、暴落した相場で買い戻して巨額の利益を得た。通貨危機に陥った東アジア各国は、ドルにペッグするために外貨準備を切り崩して買い支えたが、維持することができずに、変動相場制に移行せざるを得なかった。

　通貨の暴落とともに、株価も暴落した。通貨危機によってドル不足に陥った東アジア諸国は、IMFから融資を受けることを余儀なくされた。タイ、インドネシア、韓国などでは、IMF、世界銀行、アジア開発銀行などの国際金融機関からの救済を受けた。IMFは融資条件としてネオリベラル改革の実施を迫った。

　では、なぜアジア通貨危機は防げなかったのであろうか。この時に発生した「流動性の危機」に対して、本来「最後の貸し手」となるべきIMFが対応すべきであった。しかしIMFに期待された行動はみられなかった。そのためアジア通貨危機に対するIMFの対応に多くの批判が向けられた。

　一方、日本は緊急に対処するために、日本が中心となった「アジア通貨基金（アジア版IMF）」の構想を打ち出した。しかし、それは、米国中心の戦後秩序への挑戦、異議申し立て、再編を迫るものであるゆえ、アメリカにあっけなく撥ね付けられた。その結果、1997年11月に韓国は日本に緊急融資を申し入れたが、日本政府は米国の反対のために拒否せざるを得なかった。韓国はやむなく、12月3日にIMFからの資金援助の覚書を締結した。

　その後、中国が中心となって「アジアインフラ投資銀行（AIIB）」構想が動き出している。

（2）韓国のIMF危機

　韓国は、1996年にOECD（経済協力開発機構）に加盟した。そんな先進諸国の仲間入りを果たしたばかりの韓国に、翌97年アジア通貨危機が襲った。韓国政府とIMFとの交渉は極秘裏に行われていた。政府はついに11月21日に

第 6 章　グローバルに広がるネオリベラル改革

「IMFの救済を要請する」と公式に発表した。翌営業日の11月24日には、市場はIMFの緊縮財政の実施と企業と金融機関の倒産を予測し、「ソウル・ブラック・マンデー」と呼ばれる株価の暴落が発生した。

　11月30日までには、韓国金融監督院とIMFは仮契約の合意に達した。こんなに短期間で交渉が成立した背景には、ワシントンのIMF本部ですでに原案が作成されていたばかりでなく、現金融監督院院長の前歴がIMFおよび世界銀行の役員であったことによる。12月3日には、570億ドルの融資条件に関する覚書を締結に至った。

　大統領選挙は12月18日に予定されていた。最も支持率が高かった中道左派の金大中（キムデジュン）大統領候補は、12月5日にIMF救済には断固として反対すると表明した。彼は韓国企業のかなりの部分が外資に売却されることになることを危惧し、「IMFの経済改革を受け入れれば、外国投資家が自由に、韓国株式市場に上場されている26銀行、27証券会社、12保険会社、12商業銀行を含むすべての金融機関を、わずか5.5兆ウォン（37億ドル）で購入してしまう」と警鐘を鳴らした。

　12月18日、大統領選挙で勝利した金大中氏は、それまでの選挙公約を翻し、IMFの苦い経済処方箋の支持に転じた。彼は次のように述べた。「私は大胆に市場をオープンする。そうして外国投資家が自信をもって投資できるようにする」「痛みは改革に必要である。我々はこのリスクを機会と捉えるべきである」。

　金大中氏は政治的圧力に屈して、大統領就任前にIMFやワシントンの意向を受け入れていた。金大中氏はこれまで朴正煕（パクチョンヒ）大統領（1963～79年）や、全斗煥（チュンドウファン）（1980～88年）などの米国に支援された軍事政権を厳しく批判してきた前歴があった。そうした反軍事政権批判を展開してきたがゆえに彼は投獄・軟禁されていた時代もあった。

　しかし大統領に選ばれた金大中氏は、12月22日にワシントンの要求である「経済的競争力をつけるため、産業再建の一環として労働者を解雇する必要性がある」旨を受諾した。彼は国会で法案を緊急に成立させる必要があった。翌12月23日、クリスマスイブの直前にもかかわらず、金大中大統領は臨時国

会を招集し、IMF合意に従って労働者解雇に関する法案を含め、4つの法案をほとんど審議せずに成立させてしまった。

　IMFは同時に、海外債権者の代理人として、中央銀行の独立性を承認する法案の早期成立を要求した。このIMFが中央銀行の独立性を要求した隠された理由は、韓国政府が国家の経済発展のために、金融政策を通して「内発的に」、つまり海外からの借り入れに依存せずに国内の融資で資金供給できないようにするためであった。これで過去40年以上韓国の経済発展を支えてきた国家が管理する信用制度が一瞬にして弱体化された。

　一方、国際信用格付け会社であるS&Pやムーディーズは、韓国の国債と企業や銀行の社債の格付けを「ジャンク・ボンド」のレベルに下げた。ちなみに、S&Pやムーディーズは証券の信用格付け業務を行っているアメリカの民間企業である。これらの会社は営利目的の民間企業であるために、完全に独立した公正な評価機関とは言い難い。この問題は2008年のサブプライム・ローン危機でも表面化した。信用格付け会社はサブプライム証券の内容を厳密に分析して評価しているわけではなかった。信用格付け会社の格付けはアメリカの金融資本の利害によって影響されやすい一面もあり、韓国の金融危機をより悪化させる誘因となった。

　12月24日のクリスマス・イブに、ニューヨークではニューヨーク連銀において、いくつかの銀行の代表が集まり会議が開かれた。同時にニューヨークの他の場所で5つの銀行の代表が集まる会議が開催された。同様に、フランクフルトにおいても、ヨーロッパの80の銀行の代表が集まり、東京では10銀行の代表が集まる会議が開催された。そしてクリスマス・イブの深夜にすべての銀行から同意が得られ、IMFは緊急に韓国へ100億ドルの融資を決定した。

　12月26日、金大中氏は「企業は賃金を据え置くか、あるいは削減すべきである。それを十分に果さなければ、労働者の解雇は避けられない」と断固とした取り組みを表明した。

（3）韓国のIMF不況と財閥解体

　クリスマス・イブの会議で決定した、G7先進 7 ヵ国の政府、IMF、世界銀行、アジア開発銀行が出資する570億ドルの救済は、残念ながら韓国に実際の資金流入をもたらすものではなかった。韓国の救済資金はすでに西側諸国や日本の金融組織に返済の紐付けがなされていた。また以前に韓国のウォンに為替投機していた金融機関は、中央銀行に積まれたIMF救済資金によって現金化して利益を得ることができた。一方、韓国は570億ドルの債務を金利を含めて返済することをを余儀なくされた。

　IMFの救済によって韓国の経済主権は著しく損なわれた。韓国経済は、一夜にして深刻な不況に入り、その社会的影響は壊滅的であった。IMF改革は実質賃金を低下させ、大量の失業者を生み出し、生活水準は低下した。

　IMFとの合意事項には、外国資本の所有制限を撤廃し、国内債券市場を外国資本にオープンにすることが含まれていた。外国金融資本が韓国国内銀行の株を無制限に買うことができるようになった。

　韓国の中央銀行である韓国銀行は、1997年に海外の投機筋から外貨準備を略奪され、11月には外貨準備は底をついた。その後、IMF合意を受けて、中央銀行である韓国銀行は再編され、韓国銀行はますますアメリカ金融資本とIMFに直接管理される度合いが強まった。IMF経済改革によって、韓国の財政政策と金融政策は外国の債権者の意向がより強く反映されるようになった。

　ウォンの減価と株価の暴落に伴い、金融業界や産業界では倒産する企業が激増し、通貨の下落は消費財の高騰をもたらした。いわゆる「出口戦略（倒産プログラム）」が開始され、1997年12月 2 日、IMFの合意に達する前に、9 商業銀行の営業は停止された。

　IMFプログラムは韓国財閥の解体をもたらした。「外国資本との戦略的連携」を確立するという名目であったが、実際には外資支配を強化するものであった。また経営難に陥った一部の銀行は、債務不履行になったローンを公的救済基金であるKAMC（韓国資産管理会社）へ移動して、外資にとってよ

り魅力的な銀行に様変わりさせられた。

　そんななか、起亜（キア）自動車グループは破産を宣言し、後に現代（ヒュンダイ）自動車傘下に入った。

　大宇（ダイウ）財閥は現代グループに次ぐ2番目の財閥であったが、IMFプログラムによって大宇財閥は解体された。解体された大宇自動車の一部はGMに売却された。韓国の自動車部品工業は危機に陥り、倒産と大量解雇が相次いだ。

　韓国最大の財閥であった現代財閥も、解体を求められた。現代財閥が解体されて、自動車や造船などの高収益部門は、安い価格で外資に売却された。

　IMFによって課せられた中央銀行の信用規制は、経営難に陥った企業や銀行に資金を注入して救済するのを妨げた。中央銀行の信用規制は建設業やサービス経済の景気を悪化させた。中央銀行がマネー・サプライを引き締めたため、市中銀行の信用収縮が発生し、不況となった。90％の建設業は経営破綻の危機に直面した。実質賃金の低下と大量解雇によって、消費者の購買力も収縮し、多くの零細企業も破綻した。

　韓国のハイテク電子産業や製造業は、外資の買収のターゲットとなった。ウォンの減価と株価の暴落が重なって、外資は韓国企業を「バーゲン価格」で購入できた。たとえば、サムスン電子の株価は、数ヵ月の間に65億ドルから24億ドルに暴落した。

（4）韓国商業銀行の外資による買収

　韓国の商業銀行も外資に買収された。自由市場のイデオロギーの名の下に、IMFは、韓国の6大商業銀行の「国有化」を要求した。しかしIMFの思惑はこれらの銀行を国有化することではなく、国有化した銀行を「再民営化」して外資に売却することであった。

　とりわけ韓国第一銀行（KFB）とソウル銀行は、「国有化」の後に直ちにオークションにかけられた。そのオークションを仕切ったのはアメリカの投資会社であった。しかも韓国資本はオークションに参加できず、一部の限られた外国人投資家しか参加できなかった。韓国第一銀行の51％の株を買収し

たのは、アメリカ資本（ニューブリッジ・キャピタル社）で、買収価格はわずか4億5,400万ドルであった。[7]

そのうえ、韓国政府はニューブリッジ・キャピタル社との契約で、「戻し入れオプション（put back options）」を韓国第一銀行に付けた。そのオプションで新所有者は買収前の債務不履行ローンからの損失全額の支払いを請求できた。つまり、韓国政府は韓国第一銀行へ17兆ウォン（159億ドル）を支払わなければならなくなったのである。その支払額は韓国第一銀行の売却価格のなんと35倍であった。

こんな多額の支払いが果たして可能なのであろうか。韓国政府は大量解雇と低賃金の厳しい不況下で、社会保障の大幅削減などの緊縮財政を強いられつつ、何百億ドルの債務の返済をしていかなければならなかった。韓国政府は悪循環に陥っていた。アメリカの投資家に有利な支払いは、IMF、世界銀行、アメリカなどの銀行などからの融資で賄われていた。つまり、借金で支払っていたのである。たとえば、世界銀行の20億ドルの融資は、韓国第一銀行をアメリカの投資家が銀行を買収する資金として紐付けされていた。

韓国第一銀行の新しいアメリカの所有者は、直ちに韓国の不良債権を抱えた財閥の債権者となった。ほとんど実質的に投資することなく、韓国の電子、自動車、造船などを含む全産業部門を支配することができた。銀行の支配権を掌握したアメリカ資本は、韓国の財閥を解体させ、各部門をアメリカ資本に有利にM＆A（Mergers and Acquisitions, 合併と買収）を展開させることも可能となった。

一方、韓国政府は国営企業の民営化に関する支配権を失ったばかりでなく、すべての金融サービス産業も外資の支配下になることを承認したのである。アメリカの金融資本は韓国の証券会社や生命保険会社の経営権も買収した。国営電気会社も分割されて売却され、国営製鉄会社も売却された。

韓国の場合、IMF救済プログラムにアメリカ資本だけでなくドイツ資本も関与した。ドイツ銀行はソウル銀行の経営権を獲得した。ソウル銀行は韓国第一銀行と同様に「国営化」された。1997年11月のIMF救済プログラムをIMF側で交渉にあたったフーベルト・ネイスは、ドイツ銀行の香港支店に

転職し、ソウル銀行の経営に関わった。ドイツのもう1つの銀行も韓国相互銀行の経営権を獲得し、ドイツの2つの銀行が、実質的に資金を投じることなく、韓国の2つの銀行の経営権を獲得し、韓国財閥の事実上の債権者として財閥の解体やM＆Aをコントロールできる影響力をもつようになった。

以上のように、1997年のIMF救済は銀行の外資支配を通して産業部門の外資支配を浸透させ、韓国経済を計画的に弱体化させるものであった。

（5）朝鮮統一と自由市場

2000年6月に歴史的な南北首脳会談が平壌で開催された。韓国の金大中大統領と北朝鮮の金正日（キムジョンイル）国防委員長が会談した。それ以来、金大中大統領の対北宥和政策、太陽政策の成果ともいえる南北朝鮮の統一を見据えた南北交渉が進展した。ところが、残念ながら2001年9月11日に起きたアメリカ同時多発テロ事件によって、融和しかけた南北朝鮮がふたたび緊張関係にもどってしまった。

2000年6月の南北首脳会談を前に、IMFの高官は交渉のためにソウルを訪問した。当時の韓国では南北統一の夢で政治的な関心が奪われており、IMFの交渉に関してはメディアの注目を浴びることはなかった。そのようなときに背後で、IMFのチームが第二のIMF交渉の合意に達した。この新しい覚書には2000～03年の3年間の計画が段階的に、しかも詳細に書かれていた。2000年のIMF覚書は、1997年のIMF覚書よりも多くの韓国企業を外資に売却する計画となっていた。このようななかで韓国政府は一切国民的な議論を経ずに、IMFの管理を更新する覚書を締結した。しかも韓国政府は南北統一を見据えた経済協力という名目で、アメリカ資本に有利な合意を受け入れた。

南北首脳会談で南北の経済協力プログラムが署名され、韓国政府は北朝鮮に投資することを約束した。現代財閥が北朝鮮に投資することになったが、現代を含め韓国財閥は急速にアメリカ資本の手に落ちている。北朝鮮のための経済協力も実態はアメリカ資本による投資である。

韓国企業の北朝鮮への進出は、トロイの木馬である。南北朝鮮の統一とともに朝鮮全体の支配をもくろむアメリカの長期的戦略が見え隠れする。これ

は共産党独裁の北朝鮮に市場原理に基づいたネオリベラル改革をもたらし、朝鮮半島全体に米国資本支配の確立を目指すための第一歩となるであろう。

　幸いにも韓国ではIMF危機後の景気回復は早かった。アメリカのインターネット・バブルに乗じて電子製品などをアメリカに輸出し、経済成長率が順調に回復した。しかし雇用市場をみると、けっして回復したとはいえない。大学を卒業してもほとんどの卒業生が、就職できない状態が続いていた。そのような国内状況であることが、韓国での海外への留学熱が高い所以である（九鬼 2009）。

　また社会保障制度はIMF経済改革で導入されたものの、高齢者の受給できる年金は少なく、高齢者の貧困率がとても高い。高齢者貧困率はOECD諸国のなかで韓国が第1位である（別冊宝島 2016）。自殺率も世界のなかで最高レベルとなっている。日本でも自殺率が1990年代末に急上昇し、年間自殺者数3万人超えが1998年から2012年まで続いた。日本の自殺率は、人口10万人当たり、2003年の27人が最高で、2015年以降は20人を切った。一方、韓国の自殺率は、2002年頃から日本を超え、2008年以降、人口10万人当たり30人を超えている。

　1997年のIMFとの合意に、通商障害の自由化も含まれていた。それには、輸入多様化プログラム（日本製品を対象にした輸入規制）の廃止が盛り込まれていた。そのようなことがベースにあるなか、金大中大統領は1998年、当時の小渕恵三首相（1998～2000）と日韓共同宣言（1998年）を発表し、それまで禁止されていた日本文化が段階的に開放されていく契機となった。

【注】
1　パリクラブとは、パリに債権国の政府または公的機関の代表者が集まり、債務救済措置について話し合う非公式会合の呼称である。
2　あまりにもめざましい経済成長率は実態を反映していないように考えられ、統計が不正操作されているのではないかと訝る説も流布している。
3　コプト派キリスト教の暦では、年間150日以上の聖日があり、聖日には労働が許されない。一日一食の断食日が年間180日ある。日々の生活の規範が罪に

よる裁きの恐怖に影響される傾向がある。
4　ツチ族は「長い鼻」、フツ族は「短い鼻」というように顔の特徴が異なっていた。ツチ族は知的で仕事をうまく処理することができたので、宗主国ベルギーはツチ族を役人として重用して間接支配を行った。
5　アメリカで軍事訓練を受けたウガンダ軍の少将がルワンダ愛国軍を指揮し、1990年10月にルワンダに進攻した。ルワンダ愛国軍には多くのウガンダ兵士が参加し、軍の補給もウガンダから行われて内戦が戦われた。このルワンダ愛国軍はツチ族に率いられたゲリラ軍による解放戦線として民衆には伝えられた。
6　モンサントのBt綿の種子には、バチルス・チューリンゲンシス(殺虫微生物の意味、略してBt)という細菌から取り出された遺伝物質が組み込まれているので害虫抵抗性がある。
7　実際にはニューブリッジ・キャピタル社は韓国第一銀行を買収するのに一銭も支払わなかった(Chossudovsky 2003)。

【文献】

Center for Human Rights and Global Justice (2011) Every thirty minutes: farmer suicides, human rights, and the agrarian crisis in India, NYU School of Law

Chossudovsky, Michel (2003) The globalization of poverty and the new world order (Second Edition), Chapter 10 and 22.

Jauch, Herbert (2009) How the IMF-World bank and structural adjustment program (SAP) destroyed Africa, NewsRescue May 19. http://newsrescue.com/how-the-imf-world-bank-and-structural-djustment-programsap-destroyed-africa/#ixzz4gedtR4nq

Naiman, Robert and Neil Watkins (1999) A survey of the impacts of IMF structural adjustment in Africa: growth, social spending, and debt relief, Center for Economic and Policy Research, April.

Wiedemann, Erich (2005) Addicted to aid in Ethiopia, Der Spiegel, November 28, 2005.https://www.globalpolicy.org/component/content/article/211-development/44622-addicted-to-aid-in-ethiopia.html

九鬼太郎 (2009) 『"超"格差社会・韓国～あの国で今、何が起きているのか～』扶桑社新書

別冊宝島 (2016) 『韓国の下流社会』別冊宝島245, 宝島社

第7章　ロシアのネオリベラル経済改革とプーチン政権下の大ロシア復活

　1989年にベルリンの壁が崩壊し、1991年にはソ連が崩壊した。資本主義体制の社会主義体制に対する勝利が確定した。1989年春、フランシス・フクヤマは、「歴史の終わり」を宣言する論文を発表し（Fukuyama 1992）、歴史の行き着いたところは共産主義ではなく、自由な民主主義と市場経済であると論じた。彼が最初に論文を発表したのは、ベルリンの壁が崩壊する数ヵ月前、北京の天安門広場で民主化を求める抗議運動が起きていた頃だった。

　1989年以降、旧社会主義圏で、急速に市場経済への移行が進行した。その市場経済移行は、IMFや世界銀行が関与する「ショック療法」を伴うネオリベラル改革であった。

　第1節では、ソ連の解体とネオリベラリズム改革の実態について、ロシア政権の変遷との関連で跡づける。次に、第2節で、プーチン政権下のロシアの復活を論じる。第3節では、ロシア男性の平均寿命の変動に景気変動と相関があることを実証する。第4節では、ロシア正教の復活とロシアの地政学的課題を考察する。

第1節　ソ連の解体とネオリベラル経済改革

（1）ゴルバチョフの改革

　ソ連の社会主義は土地や工場などの生産手段を国有化し、共産党による一党独裁と計画経済に特徴があった。1980年代には生産性が低下し、社会主義体制の矛盾が露呈してきた。

ソ連の最高指導者[1]（1985～1991年）ミハイル・ゴルバチョフは、1980年代後半から社会主義体制の停滞を打破するためにペレストロイカ（改革）を開始した。情報公開（グラスノスチ）により報道の自由、また自由選挙を導入し、複数政党制を導入し、ソ連の民主化を大きく前進させた。
　ゴルバチョフは既存の社会主義体制に部分的に市場経済的要素を導入した。1988年に「協同組合」の設置を認め、それによって民間銀行を設立し、貿易を行う道が開かれた。のちに「新興財閥」（オルガルヒ）と呼ばれる億万長者になった人々のなかには、「協同組合」を設立し、当時のソ連の統制経済のもとでの安い製品を国際市場価格で売る商売をして蓄財した者も多かった。また「協同組合」の形態をとる民間銀行を通して、資金を得て民営化される国営企業を買収することができた。皮肉にもゴルバチョフが市場経済化のために導入した「協同組合」は、「新興財閥」の勃興に大いに貢献した。
　ゴルバチョフの計画は一挙に社会主義経済を市場経済に移行するのではなく、市場経済の導入を穏やかなペースで段階的に達成するものであった。一方、アメリカがゴルバチョフに対して求めたのは、チリで行われたピノチェトの経済改革をモデルとした急進的な経済的ショック療法の実施であった[2]。そして、アメリカの思惑どおり急進的ショック療法を実践したのは、ボリス・エリツィンであった。

（2）エリツィンの経済改革

　ボリス・エリツィンはゴルバチョフ政権におけるペレストロイカの遅れを強く非難し、1991年6月のソ連ロシア共和国大統領選挙で勝利し、同年7月にロシア共和国大統領に就任した。1991年8月にはソ連共産党の守旧派によるクーデターが起こったが、エリツィンは民衆とともに戦車に立ち向かい、戦車は撤退。エリツィンは勇気ある民主主義の旗手として国民の英雄に祭り上げられた。
　1991年12月には、ロシア共和国のエリツィンは、秘密会談を通してウクライナとベラルーシの2つの共和国がソ連から離脱することに合意し、ソ連の崩壊が避けられない状況をつくり、12月25日にエリツィンはゴルバチョフソ

第7章　ロシアのネオリベラル経済改革とプーチン政権下の大ロシア復活

連大統領を辞職に追いやり、その日、ゴルバチョフが辞任を表明、クレムリンからソ連の国旗が降ろされ、同時にソ連＝ソビエト社会主義共和国連邦も崩壊した。

エリツィンが率いるロシア共和国では、IMF等の国際機関の助言に従い、アメリカが求めているチリのピノチェト経済改革をモデルとする急進的なショック療法を実施し始めた。エリツィンはすでに、かつてボリビアでネオリベラル改革を助言したアメリカの経済学者ジェフェリー・サックスを経済顧問としてロシアに招き入れていた[3]。

ジェフェリー・サックスは、旧社会主義圏においても1989年にポーランドで成立した自主管理労組「連帯」の新政権が実行するネオリベラル改革案を助言した実績をもっていた[4]。それは価格統制を撤廃し、政府の補助金を削減し、国営の鉱山、造船所、工場すべてを民間部門に売却する案であった。民主化の旗手である「連帯」は、意に反して一般の組合員に極度の痛みをもたらす政策を行わざるを得なかった。なぜならば、ポーランドは社会主義体制下で増大した債務をIMFと交渉し、救済を受けるためにショック療法に従うという条件を受け入れたのである。

1991年12月にゴルバチョフ政権から交代したエリツィン新政権は、1992年1月から価格統制廃止、貿易自由化、民営化の経済的ショック療法に着手した。このショック療法をエリツィンは民主的な討議の過程を一切経ることなく実行した。突然、急激な変化を起こすことで抵抗を封じる戦略だったからである。このサックスが経済顧問として提案したIMF経済改革案は、ラテンアメリカやアフリカの債務危機に陥った諸国に課せられた構造調整プログラムと基本的に同一であった。

価格の自由化が開始された。ロシアの中央銀行はマネーを供給し続けたので、ルーブルの価値は下がり続けた。ルーブルに対する信認は失われ、米ドルの人気が高まった。1992年に物価は100倍以上に上昇した。ソ連では、これまで価格統制されていた物価が、価格の自由化によって一挙に変わった。パンの価格は1991年12月から1992年10月までに100倍以上値上がりした。国内で生産されたテレビの価格も100倍値上がりした。しかし、賃金は約10倍

上昇しただけであった。したがって、実質賃金は80％以上低下した。これまでに貯め込んだ貯金もハイパーインフレで一斤のパンの価格にならないほどに減価し、多くのロシア人は貧困化した。

　かつて社会主義体制下のロシアでは生活水準はけして高くなかったが、完全雇用であった。欧米の水準には達してはいなかったが、最低必要な物資と基本的な社会サービスは充足していた。しかし市場経済化によって1992年には1ヵ月の平均給与は米ドルに換算すると10ドル、最低賃金は3ドル、大学教授の給与は8ドル、事務員は7ドル、看護師は6ドルとなった。物価統制が廃止され、物価は一挙に世界市場価格に変化したために、ルーブルでの給与は食糧を購入することもままならなくなった。防寒コートは1着60ドルで販売され、これは9ヵ月分の給与に相当した。このような激しい生活水準の崩壊はロシアの歴史でも前例がなく、第2次世界大戦中でももっと食糧があったと懐古されるほどであった。

　IMFと世界銀行のガイドラインによって、学校、病院、幼稚園などの社会サービスは財政的自立が求められた。これらの施設は利用者が支払う料金収入によって運営しなければならなかった。当然、料金は値上がりし、病院での手術代は2～6ヵ月分の給料に相当するほどに上昇した。結局、採算が合わず病院だけでなく、劇場や美術館も破産した。

　消費材は自由に輸入できたが、国内産業は保護されなたった。国内の製造業を再建するために何の方策もとられなかった。機械設備を購入するための銀行貸付けは凍結されたうえに、石油価格や輸送費の価格の上昇により、ロシアの製造業は破産状態となった。

　ロシアの一般消費者はパンを購入するのも事欠く状態でありながら、一部の特権的な新興富裕層は、自由貿易によってベンツやBMW、1本345ドルもするアメリカ産のウォッカなどの高級品を買うことができた。

（3）バウチャーによる民営化（1992～94年）

　1992年8月、政府は国営企業を民営化するために、バウチャー計画を発表した。バウチャーは当時チェコスロバキアで民営化の手法として人気を得て

第7章　ロシアのネオリベラル経済改革とプーチン政権下の大ロシア復活

いた方式で、国有財産をバウチャーにして国民に全て配分するというものであった。配布されたバウチャーは民営化された企業の株と交換される引換券（クーポン）となる。1枚のバウチャーには額面1万ルーブルと印刷されていた。バウチャーは同年10月から翌年1月までに1億4,400万枚配布された。

しかし、この経済混乱期に多くの国民は配布されたバウチャーをどう投資したらよいのか知識がなかった。生活に困窮していた多くの国民はすぐにバウチャーを現金化した。得られた金額はせいぜい25ルーブル程度であったという。一方、バウチャーを大量に買い集めたファンドは意図的に破産し、投資した一般市民には配当を出さず、自分たちが高額の配当を手にした。国の資産を均等に配分して民営化するつもりが、結局は富の集中化をまねいた。一般の市民は混乱状態の経済下で、何もわからないまま民営化の恩恵を受けることができず、ハイパーインフレで打ちのめされたのである。

ロシアの国営企業は民営化によって破格の値段で投げ売りされた。バウチャーの市場価格から判断すると、ロシアの全産業の価値、すなわちロシアの石油やガス、交通などを含むロシアのすべての製造業の株の総額は、120億ドル以下であった。たとえば、ガスプロムはバウチャーの競売で2億2,800万ドルの価格で売却された。それは外国の投資銀行による評価の約1,000分の1の価格であった。

国民に配分されたバウチャーの多くは売却あるいはファンドに投資され、一般の国民の手から離れ、1993年12月から翌年6月までにバウチャー（有効期限は1994年7月1日まで）は株に交換され民営化が行われた。

IMF経済改革の雇用に対する影響は破壊的で、工場の50％以上は1993年までに倒産した。公式統計によれば、1994年、債務超過に陥った3万以上の企業は、労働者に定期的な給与の支給ができなかった。

この改革によってロシアの富が略奪され、ロシアの1993年の経常収支の赤字は400億ドルとなった。この額は同年7月にG7の東京サミットで合意した430億ドルの「援助」にほぼ匹敵する。もっとも西側の「援助」は現実には大半が「貸付け」の形態をとっており、その結果はロシアの対外債務を増大させるだけであった。

IMFプログラムは同時に旧ソ連のルーブル圏を廃止し、旧共和国間の貿易を弱体化させる意図をもっていた。ロシア以外の独立した旧共和国では、IMFの技術的な支援を受けて、最初から自国の通貨の導入と中央銀行の設置がなされた。これによって旧ソ連圏におけるロシアのルーブル経済圏は弱体化し、共和国間の統一性も失われ分裂させられた。これは「金融的バルカン化」とも呼べる地政学的戦略である。

（4）1993年10月のクーデター

　急激な経済改革に対して保守派は反発し、1993年春にロシア議会はIMFが要求した厳しい緊縮財政に反する予算案を提出した。それに対抗するために、エリツィンは同年4月、国民投票を行った。国民投票の結果、52％がエリツィンの民営化を支持した。しかしながらロシア国内では、この国民投票はエリツィンの宣伝活動にすぎず、実際には失敗に終わったと広く受け止められた。

　1993年9月、エリツィンと対立した議会は、国営企業の民営化のプロセスをゆっくりと段階的なプロセスに修正し、外国銀行への制限を課し、政府の補助金や社会的経費の削減を制限する法案を可決した。議会の反対に対して、「IMFはロシア側が条件を満たさないためにローンの貸付けを中止する」という議会を牽制する情報がマスコミにリークされたりした。

　9月21日、エリツィンは反エリツィン派を除去する大統領令を発布し、憲法を停止したうえで、議会を解散した。2日後、議会は圧倒的多数の賛成でエリツィンの弾劾決議を可決した。憲法裁判所もエリツィンの行動に違憲判決を下した。エリツィンと議会の間の武力衝突がもはや避けられなかった。そこで、エリツィンは給与を倍増すると言って、数千人規模の陸軍を動かし、ロシア共和国最高会議ビル（通称「ホワイトハウス」）を包囲させた。10月3日、エリツィンの独裁体制に抗議する群衆が、国営テレビ局にニュースを流すように要求して抗議行動を展開した。これに対して、エリツィンは非常事態を宣言し、軍はこの群衆に発砲した。10月4日、エリツィンはロシア最高

第7章　ロシアのネオリベラル経済改革とプーチン政権下の大ロシア復活

会議ビルを軍に襲撃させるクーデターを起こした（10月政変）。最高議会ビルは包囲されて攻撃を受け、同ビルは炎上し黒焦げになった。1973年に起きたチリの政変、ピノチェト将軍が起こしたクーデターを思わせる暴力的な事件であった（Klain 2007, p.288）。

　このクーデターの後、エリツィンの独裁体制となった。これを契機としてエリツィンのネオリベラル改革は一段と進展することになった。エリツィンは直ちに金融を引き締め、金利を上昇させた。この措置により、民営化と貿易自由化のペースは速められた。加えて、予算の大幅削減、パンなどの基本的食品の価格統制の廃止を行った。

　1994年の初めには西側のロシアに対する見方が一変した。ロシアへの投資はリスクが高く敬遠されてきたが、一転して高利回りの魅力的な投資物件として注目を集めるようになった。

　ロシア国民はハイパーインフレや失業などに苦しみ、民営化に伴う不正や腐敗を知って、エリツィンの支持率は1桁台に落ち込んだ。そんなとき、内部矛盾は外部へとばかりにエリツィンは戦争を始めた。1994年12月、ロシア軍はチェチェンの独立運動を目指す武装勢力の鎮圧にあたったが、山岳部でのゲリラ戦となりロシア軍は苦戦した。マスコミでは反戦論が強まってしまい、残念ながらチェチェン侵攻はエリツィンの支持率の上昇には結びつかなかった。

（5）株のためのローンの民営化の時期（1995～97年）

　1995～97年の民営化では、株式担保ローン（loan-for-shares）による競売が行われた。この競売には、韓国とは逆に（第6章第3節（4）参照）、外国人（外資）は参加できなかった。この点でロシアの民営化は、略奪的に外資に買収されたラテンアメリカ諸国とも違っていた。しかし、民営化で購入できる資金をもっているロシア国民はわずかであった。それゆえ株式担保ローンによる民営化は、外国金融資本と関係のあるオルガルヒが、企業の合弁や買収によって富を蓄財するチャンスとなった。

民営化の嵐のなかでエリツィンの人気は失墜し、1996年の大統領選挙ではエリツィンの落選が予想され、共産党が復権する可能性もあった。共産党支配に戻れば、民営化した企業が再国有化される恐れもあった。エリツィン取り巻きのオルガルヒは自分たちの利権を守るために、エリツィンを大統領選挙で勝利させるために多額の資金を提供した。オルガルヒのウラジミール・グジンスキーやボリス・ベレゾフスキーは、新聞、テレビ放送局、ラジオ放送局を所有していた。この2人がロシアの3つの主要テレビ・チャンネルを支配していた。オルガルヒが経営するテレビ局は、エリツィンの良いイメージの番組を放送するばかりでなく、エリツィンに対立候補よりもはるかに長い放送時間を与えた。メディアがエリツィンの選挙を支援する道具となり、エリツィンは再選を果たした。

　エリツィン再選後、ロシアの重要な国家資産である石油会社が売却された。オルガルヒは競売にかけられたロシアの国家資産をただ同然で購入できた。新しい会社の株が公開されると、たちまちオルガルヒは買い上げた。

　このようにして、ソ連崩壊後のロシア経済は資本主義経済へと舵を大きく切り、ロシアは新興市場として注目され、S&Pやムーディーズの格付けも上昇し、大量の資金がロシアに流入した。

　1997年にはロシア株がブームとなった。しかしこのロシア株ブームの影で、ロシアの財政赤字は悪化し、ロシア政府は短期国債を大量に発行し続けた。ロシアへの投資を引きつけるために、中央銀行はルーブルの変動幅を一定の枠に抑える為替政策も実施していた。

　ところが、1997年のアジア通貨危機の影響で、韓国の投資家が資金を引き上げ、ブラジルの投資家も資金を引き上げた。ロシア政府は短期国債の買い手を失い、やむをえず中央銀行は短期国債の買い受けを始めた。中央銀行はルーブルを買い支えるための外貨も不足し、為替レートを維持することができなくなった。ついに1998年8月、ロシア国債は債務不履行（デフォルト）となり、ルーブルが暴落した。ロシア国民はルーブルを売ってドルに替え、さらにルーブルが下落した。ロシアの株価も大暴落し、ロシア国内の多くの銀行も倒産し、ハイパーインフレが国民の生活を再び直撃した。

第7章　ロシアのネオリベラル経済改革とプーチン政権下の大ロシア復活

第2節　ウラジーミル・プーチンの新しいロシア

（1）ウラジーミル・プーチンの登場

　1999年9月、モスクワで連続爆破テロ事件が発生した。[10]8月にロシア連邦首相に就任したウラジーミル・プーチンは、このテロをチェチェンのイスラム過激派によるものとし、チェチェンへの空爆を開始した。チェチェン紛争を鎮圧したプーチンの国民の支持率は急上昇した。[11]同年12月31日、エリツィン大統領は辞任し、大統領代理にプーチンを指名した。

　プーチン大統領は2000〜08年、2期の大統領を務めた。その後、メドヴェージェフを中継ぎとし、2012年から再びプーチンは大統領に就任した。大統領の任期を定めた憲法は2008年に改正され、2012年から大統領の任期は6年となったので、任期満了は2018年である。

　1998年のロシア経済危機で打撃を受けた経済がプーチンが大統領になってから、回復し成長をとげた。経済成長は原油価格の上昇によるところが大きいが、プーチン政権下で打ち出されたさまざま政策も寄与している。ロシアは2005年にIMFからの債務、2006年にパリクラブからの債務を完済した。

（2）プーチンのオルガルヒとの対決

　プーチンは、エリツィンと癒着して国家資産を私物化したオルガルヒと対決した。脱税や横領の容疑でオルガルヒの一員を逮捕し、プーチンは国民的な英雄となった。以下、プーチン政権下で逮捕された3人のオルガルヒについて述べる。

①ウラジーミル・グシンスキー
　ウラジーミル・グシンスキーは、ユダヤ系ロシア人で、1988年、協同組合を設立し、翌年にはアメリカ資本との合弁会社を設立し、銀行も設立した。銀行業で成功し、新聞、雑誌、テレビ局、ラジオ局などを手広く経営し、

「ロシアのメディア王」と呼ばれた。彼と彼の支配するメディアは、1996年の大統領選挙ではエリツィンの再選に多大な貢献した。

グシンスキーはプーチンに批判的であったため、プーチンが大統領に就任すると最初の標的となった。2000年6月にグシンスキーは民営化時代の横領・詐欺容疑で逮捕された。その後、彼はスペインに脱出した。彼の支配したテレビ局も政府系企業であるガスプロムに買収され、プーチンのメディア支配が確立した。

②ボリス・ベレゾフスキー

ボリス・ベレゾフスキーは、ユダヤ系ロシア人で、土木技術分野の研究者であった。彼は政治的に動いて学位や賞をとるタイプの学者であった。彼は1989年にビジネスの世界へ転じ、最初は自動車販売を始めた。当時、ロシアの自動車の普及率は23人に1台の割合でしかなかった。自動車の所有は多くのロシア人の夢であった。

ベレゾフスキーは、ロシアの国営自動車工場から東欧へ輸出される自動車を、書類上、輸出して再輸入したことにして、実際は輸出せず、ロシアの国内市場で販売した。自動車の輸出価格は、政府から工場へ補助金の配分があるためと、国際競争力をつけるために、著しく低価格に設定されていた。しかも工場への支払いは後払いであった。一方、国内価格は価格の自由化とハイパーインフレで上昇し続けた。その差額によって彼は大儲けできた。もともと社会主義体制下の国営工場では部品を横流しするなど不正が横行していたので、このような詐欺まがいの取引が可能であった。

ベレゾフスキーは1993年に共同で自動車生産のベンチャー・ファンドを設立した。1994年からメディアに参入し、国営放送のロシア公共テレビ局（ORT）の支配権を獲得した。その他にも、新聞、雑誌、テレビ局などのメディアを買収した。

オルガルヒはエリツィンの側近として「ファミリー」と呼ばれるグループを形成した。そのなかでも彼はエリツィンに最も近い「黒幕」として政治的な影響力をもった。

第7章　ロシアのネオリベラル経済改革とプーチン政権下の大ロシア復活

　1998年のロシア金融危機の後に、エフゲニー・プリマコフ首相によって「ファミリー」に圧力がかけられた時もあったが、それは一時的なもので終わった。しかし、2000年に大統領に就任したプーチンは、オルガルヒ、とりわけ外資と結託してロシアの国益を揺るがす危険のあるオルガルヒの排斥を始めた。ロシア最高検察庁は横領疑惑などでベレゾフスキーを追及し、逮捕を恐れたベレゾフスキーは国外に脱出した。彼は亡命先のイギリスでもプーチンに対する批判を続けた。[12]

③ミハイル・ホドルコフスキー

　ミハイル・ホドルコフスキーも、ユダヤ系ロシア人。24歳の時には、政府からの国営企業への補助金を現金化して莫大な富を蓄積した。ソ連時代の工場は、中央からの指令通りの生産目標を満たし、そのための補助金を得ていた。その補助金には現金と非現金の２種類があった。後者は帳簿上のマネーで通常現金化できないので、事実上あまり意味がなかった。この帳簿上だけに存在するマネーを現金化する方法を、若きホドルコフスキーが思いついた。1987年、ホドルコフスキーはモスクワのハイテク産業が集積する地域にある研究所を拠点に、補助金の非現金を現金化して蓄財した。また彼は、1990〜91年にはコンピューターの輸入とハード・カレンシーの取引でも利益を得た。

　ホドルコフスキーはエリツィン政権にも近づき、有利なビジネスを展開した。彼はルーブルをハード・カレンシーに替えて取引し、彼のコネクションのネットワークはアメリカばかりでなく、スイスやジブラルタルなどのオフショア・バンキング・ヘイブンにも及んだ。さらにホドルコフスキーは彼のオフショア・ネットワークをジェノバにも広げ、投資銀行を設立した。その投資銀行はキプロス、マン島などのタックス・ヘイブンにもオフィスを設置した。1989年11月にベルリンの壁が崩壊した後、アメリカの銀行がこのホドルコフスキーがジェノバに設立した投資銀行の株の51％を購入した（Hoffman 2011, p.125）。ソ連が崩壊する前に、ホドルコフスキーはソ連の富を海外へ送金できるネットワークをもっていたのである。

　1990年代半ばに民営化によって、彼はユコスという石油会社の支配権を獲

得した。ユコスはロシア国内生産量の20％のシェアを占める国内最大の民間石油会社となり、ホドルコフスキーは巨万の富を築いた。

一方、ホドルコフスキーは、プーチンを公に批判していた。2003年にホドルコフスキーは詐欺容疑で逮捕され、後に石油会社ユコスは解体され、国営企業に吸収された。2005年、ホドルコフスキーに禁固9年の実刑判決が下った。さらに2010年に横領とマネー・ロンダリングで有罪判決を受け、刑期がさらに延長されたが、シベリアの刑務所に収監されていたホドルコフスキーは、2013年12月に恩赦により釈放された。

以上のようにプーチン政権は、プーチンに批判的で、外国にロシアの資産を流出させる国際的なオルガルヒを排除するのに成功した。一方、自分に恭順するオルガルヒを保護し、プーチンの独裁的支配体制を確立した。

（3）プーチン独裁的支配体制の確立

プーチンは民営化された石油・天然ガスなどの資源のかなりの部分を再国有化するのに成功し、国家の財政を安定化させた。グローバリストの略奪からロシアを守ろうとしているプーチンは国民からも広く支持されている。

プーチンはオルガルヒから主要テレビ局を奪い、ロシアの三大テレビ局を掌握し、メディア支配を確固たるものにした。

プーチンは情報のコントロールには細心の配慮を見せている。プーチンは国民と直接質疑応答する生放送も積極的に設けて、好感度を高めている。公式な場面だけでなく、リーダーとして好感を抱かせる日常的なイメージもメディアで流している。ロシア正教の教会で涙を流しながら祈る敬虔なプーチン、上半身裸での乗馬や釣りをする体を鍛えた強いイメージのプーチン、動物好きなプーチンなどである。2014年にクリミアを併合し、経済制裁を受けた後でも、2015年7月のプーチンの支持率は87％である。

第3節　ロシア男性の平均寿命

人口学的な指標によってソ連の崩壊は早くから予測されていた。たとえば、

第7章　ロシアのネオリベラル経済改革とプーチン政権下の大ロシア復活

図7－1　ロシアの男女別平均寿命の推移

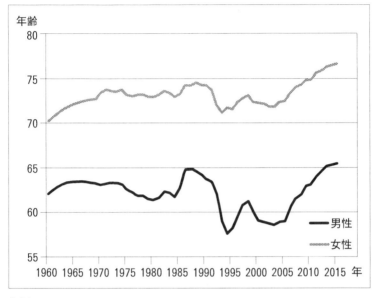

資料：data.worldbank.org

　エマニュエル・トッドは乳児死亡率、平均寿命、自殺率などの人口学的指標から、ソ連の崩壊を予想していた（Todd 1979）。ソ連では1970年代から社会主義体制が機能せず、経済的衰退が起きていた。ソ連は先進国として順調に経済成長している諸国と比較して、人口学的指標が悪化していた。

　図7－1に示したように、他の諸国の平均寿命が順調に成長していった時代に、ロシア男性の平均寿命はすでに1960年代から低迷していたことがわかる。男性の平均寿命は1970年代後半にはさらに低下した。先進諸国では平均寿命が上昇し続けるが、ロシア男性の平均寿命は1980年に61歳であった。どの国でも平均寿命の男女差はあるが、ロシアの男性の平均寿命は女性に比べて極端に低いことが特徴的である。

　平均寿命の変動は、国の経済、社会的、医療衛生などの生活水準を反映していると解釈できる。ロシアの平均寿命で男女差が大きい理由は、ロシア男

性の飲酒の習慣に起因すると言われていた。ゴルバチョフ政権は1985～88年までアルコール反対キャンペーンを行い、ウォッカの生産を制限した。その政策的な効果もあってか、1980年代の後半にロシア男性の平均寿命は上昇した。しかし1988年ごろからまた急激に低下し始めた。ゴルバチョフの時代に合計特殊出生率も一時的に2.2を超えたが、1989年以降は2.0を下回り、大幅に低下した。合計特殊出生率の変動からも、1988年以降、ロシア国民の経済的状況は悪化したと解釈できる。

　特に1991年以降の急速な市場経済化に伴う実質所得の低下や失業率の上昇などの要因によって、男性の平均寿命が大幅に低下し50歳代にまで低下した。経済的な要因だけでなく、社会主義体制崩壊によって酒類の売買が自由化されたことも関係している。その後景気も好転し、1998年にロシア男性の平均寿命は61歳まで回復するが、1998年のルーブル危機によって再び低下した。これ以降、ロシア男性の平均寿命は2005年まで50歳代にとどまった。同様に、合計特殊出生率も1999年には史上最低の1.17に低下した。

　その後、プーチン政権下の経済回復に伴って、平均寿命も合計特殊出生率も順調に回復している。プーチン政権は2006年にアルコール規制を導入し、アルコール消費量が減少したことも関係している。現在、ロシア男性の平均寿命は65歳にまで上昇したが、国際的にみるとまだ低い水準にとどまっている。合計特殊出生率も2005年には1.3まで上昇した。

　ロシア以外の旧ソ連内共和国の男性平均寿命の推移を比較してみる。ソ連の崩壊後、急激な平均寿命の低下はロシアほどではないにしても、ウクライナ、ベラルーシ、ラトビア、リトアニア、エストニア、モルドバでも起きていた。中央アジアではタジキスタンの急激な低下とその後の急速な回復がみられ、カザフスタン、キルギス、アゼルバイジャンでも同時期にやや低下がみられた。ただロシア以外の独立した共和国の1991年以降の平均寿命の低下はその後回復していくが、ロシアだけは1998年のルーブル危機の影響を受け再度低下している。そして他の分離独立した共和国と比較して、ロシアの平均寿命が最も低いまま推移した。一方、ソ連の衛星国であった、ポーランド、チェコ、スロバキア、ハンガリー、ブルガリアでは、同時期に平均寿命の特

に顕著な低下はみられなかった。

第4節　ロシア正教の復活と地政学的課題

（1）ロシア正教の復活

　プーチン政権下でロシア正教の影響力が強まっている。2013年の調査では70％弱のロシア人がロシア正教に属していると答え、毎週教会で礼拝する人の率は14％である。プーチンはキリスト教が弾圧されていた社会主義時代に、敬虔なキリスト教徒（ロシア正教）であった母親の意向によって、幼児洗礼を受けたキリスト教徒である。プーチンは世俗化の著しい欧米文化のロシアへの悪影響を危惧し、ロシア正教のキリスト教的倫理に従って伝統的な家族の価値を尊重し、同性愛者の権利に反対、人工妊娠中絶にも反対の立場をとっている。中絶はソ連時代から公に認められており、国家が中絶費用を補助しているが、プーチンはそれを廃止したいと考えている。

　プーチンは教会と政治の連携を深めることによって、信仰とともにロシアのナショナリズムの強化を狙っている。ロシア正教の伝統はロシアの国境を越えて、ウクライナの東部にも共通してみられる。2014年にロシアがクリミアを併合したこともプーチンは宗教面から正当化できると考えている。またグローバル化に伴うアメリカの帝国主義的食い込みを阻止するためにもプーチンはロシア正教の復活によるナショナリズムの高揚を企てている。

（2）ボルシェビキ革命に対するプーチンの評価

　2012年のプーチンの大統領就任式は絢爛豪華なクレムリン宮殿で行われた。プーチンは皇帝（ツァー）が君臨したロシア帝国に郷愁をもっているのであろうか。民主的に選挙で選ばれ大統領になったプーチンであるが、権力を集中させて皇帝のように振舞っているとも評される。

　ロシアは、2017年2月にロシア革命100年（二月革命）の記念式典を執り行わなかった（執筆時点で10月革命の記念式典に関してはわからないが）。プー

チンは少なくとも、1917年10月のボルシェビキ革命（十月革命）に批判的な歴史観をもっている。なぜならば、ボルシェビキ革命によって内戦が発生し、多くの国民が虐殺され、多くのキリスト教徒が迫害されたからである。

　プーチンは、ボルシェビキの革命家の80〜85％が「国際的ユダヤ人」であったと認識しており、海外とつながりのある「国際的ユダヤ人」はロシアに対する愛国心はないと敵意を抱いている。ソ連崩壊の前後に急成長したアメリカやイギリスなどの外国とつながりをもち、ロシアの国外にロシアの富を持ち出した「国際的ユダヤ人」のオルガルヒにプーチンが対抗した構図と同様に、プーチンは「反ロシア的」なボルシェビキ革命家に反感を抱いている（前節（2）参照）。プーチンが国民に支持されるのは、大ロシア主義を刺激する民族主義的イデオロギーによってである。

　ロシアでは第1次世界大戦中の1917年にボルシェビキ革命が起こり、ロシアはかなり領土を失った。しかも1920年代にレーニンが、ソビエト・ユニオンを統一国家ではなく、共和国からなる連邦国家として編成したことも歴史的な禍根を残したとプーチンは主張する。ゴルバチョフ政権の最後の時期に、共和国がソビエト連邦から分離独立したことが、1991年のソ連の解体の引き金となったからである。プーチンはソ連の崩壊を、「20世紀の最大の地政学的破局の一つ」と語っており、レーニンに対する反感を隠さずに、「レーニンがロシアの下に原爆を仕掛け、エリツィンがこれを爆破させた」と述べている（Pankin 2016）。このようにプーチンは領土的な観点からもボルシェビキ革命を評価していないのである。

　しかもボルシェビキは、信仰をもつ民衆が革命勢力に対抗する反革命勢力にならないように教会を弱体化させた。1918年に教会を政治から分離し、教区改革を行い、教会制度を解体し、教会資産を国有化しすべての教会権力を教区に委譲した。特に、スターリン時代にはロシア正教教会は閉鎖され、集団礼拝は禁止され、多くのキリスト教徒が虐殺された。敬虔なキリスト教信者であるプーチンにとって、ボルシェビキはおぞましいものに違いない。

　ボルシェビキ革命によって、ロマノフ王朝ニコライ2世の一族は殺害された。これを「卑劣な犯罪」と思う人が、1990年の世論調査で国民の4分の3

に達していた。1990年代末にはニコライ2世の肖像画やロマノフ王朝についての書籍が飛ぶように売れるようになり、国民にロシア皇帝（ツァー）への崇拝の念が復活している。

（3）ロシア正教の特化

社会主義体制が崩壊して以降、ロシアではキリスト教の信仰者が驚くほど急速に増加している。今日、他のヨーロッパ諸国と比較すると、ロシアの国民はかなり宗教的であると言える。しかもロシアの宗教的リバイバルは非教会的に発生している。つまり「教会に所属しないで信じる」信仰者が多い。70～80％はロシア正教教会に属すると言いながら、実際に毎週礼拝に行く者は少ないからである。

プーチンは2015年、ロシアの既存の宗教以外の宗教の伝統活動を禁止する法律を成立させた。ロシア憲法では宗教の自由は認められているが、テロ対策法の一環として、過激派の宗教活動を厳しく取り締まる傾向が強まっている。この法律によって登録された建物以外では礼拝などの宗教活動が認められなくなった。つまり、一軒一軒訪問して伝道するプロテスタントの宣教活動はロシアでは違法行為になってしまったのである。ロシアでは以前から「エホバの証人」は極端な教えとみなされ、違法な宣教活動として厳しく取り締まられてきた。最近では自宅で家庭集会を開いたバプテストの牧師が逮捕され、罰金を科された事件が起きた。ロシアではプロテスタントの割合はわずかである。この法律により、アメリカから派遣されるプロテスタント各教派の宣教活動がかなり制限を受けることが懸念されている（Zylstra 2016）。

（4）プーチンの東方正教による地政学的情熱

東方正教の信者はギリシャや旧ユーゴスラビアのセルビアにも分布している。プーチンはギリシャにある東方正教の聖地をロシア司教と訪れ、歴史的にギリシャとロシアの深い絆を思い起こさせる機会とした。

クリミアは黒海に面するロシアの軍港として戦略的に重要である。クリミアは民族的にも宗教的にもロシアであるとプーチンは考えている。10世紀に

ウラジーミル1世がキリスト教に改宗した地として、クリミアは東方正教の聖地であるとプーチンは主張している。また、大ロシア主義を反映してか、プーチンはウクライナの首都であるキエフを「すべてのロシアの都市の母」と述べている。

　プーチンにとって東方正教の地域的範囲は中東も含んでいる。かつてビザンツ帝国はアジア大陸とヨーロッパ大陸に跨って広がっていた。プーチンは自らを東方正教の守護人とみなしており、ロシアがシリアに介入した理由の一つは、取り残された少数派のキリスト教徒（東方正教）を迫害から守るためであった。トルコに関しても「トルコはアルカイダのシリア部隊を支援するのをやめるべきだ」と述べている。そして「最後の皇帝ニコライ2世がやり遂げなかった仕事を成し遂げたい。第1次世界大戦中、ニコライ2世はコンスタンティノープル（イスタンブール）をキリスト教圏に回復し、ダーダネルス＝ボスフォラス海峡をロシア海軍の安全保障のために確保したいと望んでいたが、果たせなかった」と述懐している（Awdnews 2016）。

　東方正教の守護人を任じるプーチンは、現在トルコの支配下となっているイスタンブールやダーダネルス＝ボスフォラス海峡の支配権を、宗教的な情熱と野望によって回復することを望んでいることがわかる。プーチンは、ギリシャ側とトルコ側と分断されているキプロス島に関しても、キプロスのギリシャの統治権を支持し、トルコの占領をやめるように要求し、東方正教を奉じるギリシャの領土的拡大も暗にほのめかしている。プーチンの地政学的領土拡大の構想が東方正教を基盤に描かれているのは、我々にとって驚きである。

　次章では、アメリカの世界覇権を維持するために地政学的な戦略の視点から、ロシアの位置づけを考察する。

【注】
1　ミハエル・ゴルバチョフは1985年にソ連共産党書記長、1990年にソ連大統領に就任した。

第7章　ロシアのネオリベラル経済改革とプーチン政権下の大ロシア復活

2　1991年7月のG7では、支援を求めて参加したゴルバチョフに対して、各国首脳は急進的なショック療法を受け入れるように要求した（Klein 2007, pp. 277-8）。1991年8月の『ワシントン・ポスト』は、「ソ連経済の実践モデルはピノチェトのチリだ」と題する論評を掲載した。

3　エリツィンはサックスを通して西側から多額の資金援助を期待していたが、それは期待外れに終わった。

4　ジェフェリー・サックスとポーランドの連帯を結びつけ、彼を後押ししたのは、1992年イギリスのポンド危機をもたらした通貨投機家のジョージ・ソロスであった。

5　公式統計では、IMFは経済改革後の1992年末に生活水準は上昇したと発表した。経済省は物価よりも賃金の上昇率が高いと発表した。1992年の消費者物価は15.6倍と発表された。しかし国民はこれらの公式発表を信じなかった（Chossudovsky 2003, Ch.16）。

6　ジョージ・ソロスはこの国民投票を勝利するために、100万ドルの資金を提供した。反対派の声を抑え込むための広告費に使われた（Hoffman 2011, 202）。

7　兵士5,000人と戦車数十台、装甲車、ヘリコプター、エリート突撃部隊が議会を襲撃した。軍の総攻撃による死者は約500人、負傷者は1,000人近くに上った。警察に連行されて、ひどい暴行を受けた者もいた。

8　ブレゾフスキーはエリツィンが大統領選挙に負けるかもしれないと危惧したジョージ・ソロスから助言を受けていた（Hoffman 2011, p.327）。

9　このときエリツィンは心臓発作を起こし、著しく体力が弱っていた。それを視聴者に感づかれないように、映像は特殊技術による画像処理を施された（Hoffman 2011, p.357）。

10　ロシア警察はチェチェンのイスラム過激派によるテロと断定したが、連邦保安庁（旧KGB）による自作自演も疑われている。プーチンは連邦保安庁（旧KGB）の長官であった。

11　ロシア政府はチェチェン周辺の現場での取材を制限した。外国人ジャーナリストの取材は一切許可されていない。1994～96年のチェチェン攻撃の際に、マスコミが反戦論を唱えたため、ロシア軍は撤退せざるを得なくなった。アメリカでは湾岸戦争の時、死亡した兵士の棺の報道から反戦論が高まったことに学んだように、ロシアも戦争の報道を規制することを学んだ。その報道規制のために、さまざまな憶測を呼び、真実がわかりにくくなっている。

12　ベレゾフスキーは2013年3月にイギリスで死亡した。死因は自殺だったと言われている。かつては巨万の富を得たが、妻との離婚訴訟や慰謝料、他の訴訟もかかえ、資金繰りに窮していた。しかし他殺説もあり、憶測を呼んで

いる。彼はジョージ・ソロス、ジェイコブ・ロスチャイルドと親しい関係にあった。しかも彼はロシアへの望郷の念が強くなり、プーチンに帰国できるように手紙を書いていた。

【文献】

Awd News (2016) Putin if Turkey's Erdogan doesn't stop supporting terrorists in Syria I shall restore Constantinople Istanbul to Christendom, AwdNews, 16 Apr. http://awdnews.com/top-news/putin-if-turkey-s-erdo?an-doesn-t-stop-supporting-terrorists-in-syria,-i-shall-restore-constantinople-istanbul-to-christendom

Hukuyama, Francis (1992) The end of history and the last man, Free Press. (フランシス・フクヤマ著, 渡辺昇一訳『歴史の終わり―歴史の「終点」に立つ最後の人間』(上・下) 三笠書房, 2005年)

Hoffman, David E. (2011) The oligarchs: wealth and power in the new Russia, Revised and updated. Publicaffairs.

Pankin, Alexei (2017) Putin: Lenin planted an atomic bomb under Russia, Russia Insider, Feb 2, 2016. http://russia-insider.com/en/history/putin-mourns-soviet-union-putting-blame-lenin-not-yeltsin-its-dissolution-video/ri12426

第8章　米国の世界覇権と現代の地政学

　第1次世界大戦や第2次世界大戦の時代のイギリスの地政学的戦略は、ハルフォード・マッキンダーの「ハートランド」理論に依拠していた（Makinder 1904, 1919）。シーパワーであるイギリスは、ユーラシア大陸のランドパワーに対抗しなければならなかった。そのためにはいかに「ハートランド」の周縁の「リムランド」をイギリスがコントロールできるかが重要な課題であった。したがって、当時、東欧に大国が出現しないようにバルカン化（破砕帯化）することが、イギリスの地政学的な戦略となっていた。

　イギリスに代ってアメリカの世界覇権時代を迎えると、アメリカもイギリスの「ハートランド」と「リムランド」の理論を基本的に踏襲し、東西冷戦時代にはソ連の「封じ込め」作戦をとった。冷戦が終結した後においても、アメリカの覇権を完成するための地政学的戦略の代表的なものは、マッキンダー流の地政学を基本的に倣った、ズビグネス・ブレジンスキーの地政学である。本章は彼の著書『グランド・チェスボード』（Brezezinski, 1997）を紐解き、現代のアメリカの地政学的戦略を検討する。また、アメリカがペトロダラーを維持するうえで重要な中東における宗教的対立についても考察する。

　第1節では、マッキンダーの地政学の概略を説明する。第2節では、第2次世界大戦中のナチス・ドイツの占領下にあったヨーロッパが、アメリカの参戦によって解放される過程を、地政学的な視点で論ずる。第3節では、ブレジンスキーの『グランド・チェスボード』を解説する。第4節では、ロシアを囲む「リムランド」における紛争におけるアメリカの関与を述べる。第5節では、中東問題を理解するために、ユダヤ教とイスラム教の対立に関して論ずる。

第1節　マッキンダーの地政学

(1) ハートランド理論

　ハルフォード・マッキンダーは、ロンドン大学で1904年に新設された政治経済学院（The Economics and Political Science）の院長に就任し、以後20年間、同院の運営を取り仕切るなか、政治地理の講義を続けた。マッキンダーの「ハートランド理論」と呼ばれる地政学（Geopolitics）の論文は、1904年に発表された。ハートランド理論は、第1次世界大戦や第2次世界大戦のイギリスの地政学的戦略の基本を提供した。マッキンダーの地政学の要点は次の通りである（図8－1）。

図8－1　マッキンダーのハートランド理論

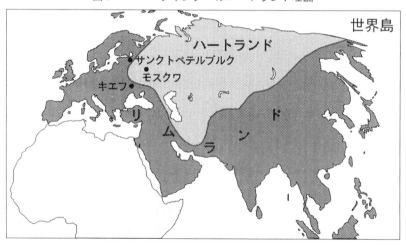

- 人類の歴史はランドパワーとシーパワーの闘争の歴史である。イギリスはシーパワーの帝国であるが、これからはランドパワーの時代である。
- ユーラシア大陸の心臓部（ハートランド heartland）を制するものが、

世界島（ユーラシア大陸）を制する。世界島を制するものは、（南北アメリカ、アフリカ、オセアニアなどの周辺を含めた）全世界を制する。したがって、ハートランドの支配をめぐって、リムランド（rimland）（東欧）を制するものが世界を制することになる。
- かつてのモンゴル帝国のように騎馬民族が中央アジアの草原地帯から世界制覇を遂げたように、ハートランドは世界政治で「ピボット（要衝）」の役割を果たす地域である。
- ハートランドは河川の流域が内陸湖か北極海に流れ出る地域で、河川や海から接近できない。つまり、外部から攻撃をされにくい自然環境である。
- 「力の均衡 the balance of power[1]」を思惑通り保てれば、世界島を支配できる。

ハートランド理論は19世紀のイギリスでもてはやされた「力の均衡」概念を明確に表現したものである。第１次世界大戦後、東欧はハートランドの周縁のリムランドであり、ドイツとロシアのバッファー・ゾーン（緩衝地帯）として位置づけられ、国民国家がいくつも形成された。イギリスはこの緩衝地帯の存在によって「力の均衡」の維持を図ろうとしたのである。

シーパワーであるイギリスが、ランドパワーに勝利してグローバル帝国を打ち立てるためには、まず、時々リムランドで諸国が相互に戦争するように巧妙に策略をめぐらし、国々を疲弊させる必要がある。そのうえで、どちらかが経済的にも軍事的にも回復する前にイギリスが介入する。そしてイギリスがヘゲモニーを維持し増強するために有利な条件で国々の関係をリセットする、という地政学的な構想をもっていた。これは自分では直接戦わず、分割統治（divide and conquer）によって征服しようとする戦略である（日露戦争のとき、イギリスが日本を支援したのも、そのような地政学的意図があったのだろう）。

マッキンダーは第１次世界大戦後の世界平和のために、東欧を一手に支配する強力な国家の出現を絶対に許してはならないと力説した。実際、第１次

世界大戦後、民族自決が強調され、彼の戦略通りに、ドイツ、オーストリア・ハンガリー帝国、オスマン帝国、ロシアの4つの帝国は解体され、いくつかの国民国家に分裂した。

（2）第2次世界大戦後の地政学

　マッキンダーのハートランド理論は、第2次世界大戦後、米ソ対立の冷戦時代を迎え、世界の覇権国がイギリスからアメリカにシフトしても、アメリカやソ連に受け継がれた。1949年に西側陣営は北大西洋条約機構（NATO）を創設した。その目的はイギリスがアメリカを引き込み、ソ連を締め出し、ドイツを抑え込むことであった。東西冷戦の激化に伴い1955年、ドイツがNATOに加盟することになり、ソ連側はNATOに対抗して、1955年、ワルシャワ条約機構に基づきソ連を盟主とした東欧諸国の軍事同盟を構築した。ソ連はハートランドから東欧を軍事的・経済的に支配しようとした。そのためのソ連の軍事的介入は、1956年ハンガリー（ハンガリー動乱）、1968年チェコスロバキア（プラハの春）、1980年代のポーランド（「連帯」民主化運動）などで行われた。つまり、ソ連の軍事介入は「リムランド」を支配する目的で行われた。

　冷戦期にソ連の軍事介入はさらにベトナムやアフガニスタンの「リムランド」にも及んだ。それは「ハートランド」から拡大しようとするソ連の動きとみなすことができる。ソ連の拡張主義的脅威に対する西側諸国の戦略は、共産主義を境界内に押さえ込もうとする「封じ込め」であった。第三世界では共産主義を広めようとするソ連の動きに対して、西側も反共の旗印を掲げて介入し、米ソの「代理戦争」が起こった。

　1980年、米国カーター政権のブレジンスキー大統領補佐官は、「ソ連が大陸の周辺地帯を支配すれば、西半球を支配する」とソ連の脅威論を展開した。1980年代のレーガン政権下の「封じ込め」戦略もそのようなソ連脅威論を反映し、中東における米軍のプレゼンスは、石油のためだけでなく、地政学的にランドパワーの拡張を阻む目的もあった。

　第2次世界大戦後、シーパワーの世界帝国は、イギリスからアメリカに移

った。世界の覇権国として、アメリカは世界中にいくつもの艦隊を配置している。「ドイツか、ロシアが、東欧を支配したら、次にユーラシア大陸がどちらかに支配される」というマッキンダーが抱いた地政学的脅威は、冷戦が終わった現在、唯一の世界覇権国のアメリカも同様に抱く脅威である。アメリカはその地政学的な観点から「力の均衡」をとる戦略を行使している。そして戦略の表われの一つがNATOの東欧への拡大である。

（3）マッキンダーの地政学の影響

　第1次世界大戦後、東欧がドイツとロシアのバッファー・ゾーン（緩衝地帯）として位置づけられたことは、前述した。じつは、そのマッキンダー理論の熱心な信奉者はナチス・ドイツであった。1939年8月23日、ヒトラーのドイツはソ連と不可侵条約を結ぶことでソ連の脅威を排除し、その8日後、ポーランドに侵攻し、第2次世界大戦の戦いの火蓋が切られた。その後、ナチス・ドイツは東方に勢力圏拡大を企み、1941年6月、不可侵条約を破りソ連を攻撃し、モスクワ、スターリングラード近郊まで攻め込むが、厳しい冬に阻まれナポレオンと同様な失敗をした。

　マッキンダーはドイツとロシアが同盟すること、あるいは中国が日本と同盟することが、ピボット（要衝）となり世界支配を遂げかねないと警告した。このマッキンダー理論に基づく東欧におけるドイツとロシアの分断と、極東アジアにおける中国と日本の分断は、アメリカ帝国支配のリムランド戦略として、現在でも続いている。

第2節　ノルマンディー上陸作戦からドイツ無条件降伏

　2014年に行われたノルマンディー上陸作戦70周年記念式典に、オバマ大統領が出席し演説した。第2次世界大戦中にナチス・ドイツ占領下のヨーロッパに連合国軍が侵攻を開始するノルマンディー上陸作戦を決行したD-デイ（D-day）は、1944年6月6日であった。この日は今のアメリカの若者は知らないだろうが、年配のアメリカ人にとって第2次世界大戦の記念すべき日と

して脳裏にはっきりと記憶されている。のちにアメリカ大統領になった連合国軍最高司令官ドワイト・アイゼンハワー（大統領在任期間1953～61年）によるD-デイ前の演説は有名である。

　前述したように1939年9月、ナチス・ドイツがポーランドに侵攻し、戦端が開かれた。一方、西部戦線でのナチス・ドイツは、デンマーク、ノルウェーへと戦線を拡大し、オランダ、ベルギーを落とし、1940年5月にはフランスを占領した。フランスは、フィリップ・ペタン元帥を立て（ヴィシー内閣）独仏休戦協定を結んだ。ドイツの占領地がヨーロッパ一帯に拡大し続け、イギリスも脅威にさらされていた。

　ところが、アメリカは、イギリスの再三にわたる対ドイツ参戦要請に対して、参戦の意思を示さずにいた。

　1940年12月、フランクリン・ローズベルト米大統領はアメリカが「民主主義の偉大な兵器庫」、つまり武器弾薬を製造し供給する基地にとどまり、ヨーロッパ戦線には限定的な支援にとどめると宣言していた。アメリカは戦場のヨーロッパに武器を輸出し、1929年来の世界恐慌から抜け出し、景気回復を遂げた。

　先述のように、1941年6月、ドイツは、1939年8月に締結した独ソ不可侵条約を一方的に破棄し、ソ連に侵攻し始めた。アメリカは「敵の敵は味方」とスターリンの共産主義ソ連を援助し始めた。こうしたヨーロッパ情勢が急変するなか、2ヵ月後の同年8月、ローズベルトとチャーチルは北大西洋上で会談をもち、今大戦後の世界秩序について確認し合った。いわゆる「大西洋憲章」である。

　アメリカは、1941年初頭に、武器貸与法を連邦議会で通過させた。その年の12月7日（現地時間）、日本軍によって真珠湾が奇襲攻撃されたことをもって、連邦議会は日本に対して宣戦布告をし、ここに英米蘭等と戦争状態に突入した。

　そして3日後には、ドイツとイタリアが米国に宣戦布告。これを受け、米国は総動員態勢に入り、ヨーロッパ戦線にも参戦することを決断、当面の主戦場をヨーロッパに設定した。

第8章　米国の世界覇権と現代の地政学

　ドイツはソ連に侵攻するが、1941年10月に入ると悪天候と厳しい「ロシアの冬」にあい、酷寒の地での戦闘準備がないドイツ軍は苦戦（モスクワ攻防戦）、また、1942年6月から戦われていたスターリングラード攻防戦でも「ロシアの冬」に苦戦し、赤軍に包囲されたドイツ軍は降伏、以後退却を迫られる。一方、連合国は西部戦線で劣勢に立たされていた。

　連合軍は西部戦線を切り開くため、イギリスに集結していた。1944年6月6日、結集していた7万の連合国軍は、対岸のフランス、ノルマンディーに上陸作戦を敢行。大陸にようやく橋頭堡を築き反撃に移った。ノルマンディー上陸作戦から2ヵ月後の8月、フランスの首都パリは解放された。そして、ここからドイツ軍の退却戦が始まる。西部戦線では連合軍による追撃が始まり、東部戦線ではソ連赤軍の大反撃が開始され、ドイツの首都ベルリンをめざして、東部・西部両戦線で総力戦が行われる。その過程でソ連赤軍や連合国軍によってユダヤ人の死の収容所が発見され、収容されていたユダヤ人が解放された。

　1945年5月、ソ連赤軍の攻勢の前に、遂にベルリンが陥落、ドイツは無条件降伏する。

　第1次世界大戦の時も、第2次世界大戦の時もアメリカは当初静観し、後方兵站基地として武器等をヨーロッパに輸出していた。しかしアメリカがヨーロッパ戦線に参加することによって戦況が代わり、連合軍の勝利への道が開け、戦争終結となった。ヨーロッパでの2度の大戦を終結できたのはアメリカが最終的に参戦した結果であった。

　国内が戦火にあわず生産手段が被害に遭わなかった米国は、第2次世界大戦後のヨーロッパの復興に対して大きな役割を果たすこととなった。アメリカのマーシャル・プラン（復興援助計画）により、西ヨーロッパ諸国は経済的援助を受けて復興できた。その結果、第2次世界大戦後、西ヨーロッパは、経済的・政治的・軍事的（対ソ連）にもアメリカの影響力を強く受けるようになった。

第3節　ブレジンスキーの「グランド・チェスボード」

（1）イスラム過激派の育成

　ズビグネフ・ブレジンスキーはカーター大統領の国家安全保障問題大統領補佐官であった。また、オバマ大統領の外交政策顧問でもあり、2017年5月に89歳で亡くなるまで、アメリカの外交政策に多大な影響力をもっていた。

　彼はポーランド出身であり、反ロシアの強硬論の立場をとった。彼はソ連を弱体化させるために、アメリカがベトナムで泥沼化したように、ソ連とってアフガニスタンが「ベトナム化」するように秘密工作を行った。彼はなんと1979年のソ連のアフガニスタン侵攻の5ヵ月前に、アフガニスタンの親ソ政権に対抗する反政ゲリラ育成のため、イスラム過激派民兵（ムジャヒディーン）に資金と軍事訓練を提供して育成する戦術を立てた。そのうえでアフガニスタンに傀儡政権を擁立しているソ連軍を挑発して、ソ連をアフガニスタンに侵攻させた。彼の意図した通り、アフガニスタンでの戦闘は泥沼化して、10年間続き、これがソ連崩壊を早めた一要因になった。イスラム過激派テロリスト（アルカイダなど、さまざまな呼称があるが）をアメリカ軍の代理として仕立て、アメリカの目的を遂げようとするブレジンスキーの戦略は、その後も継続し世界各地に拡散し続けている。

（2）地政学的ピボット（要衝）

　1997年に出版された『グランド・チェスボード：アメリカ覇権と地政学的要請』（"The Grand Chessboard: American Primacy and It's Geostrategic Imperative"）において、ブレジンスキーは、冷戦が終わり、ソ連が崩壊し、アメリカが唯一の世界覇権国となった時代のアメリカの世界支配のための地政学的構想を論じた。

　ブレジンスキーは、ハートランド理論を提唱したマッキンダーと同様に、ユーラシアが世界覇権の中心であると考えている点では共通している。ただし、ブレジンスキーはユーラシアを支配するためには、東欧のバルカン半島

第 8 章　米国の世界覇権と現代の地政学

図 8 - 2　ブレジンスキーの中央アジアのバルカン化

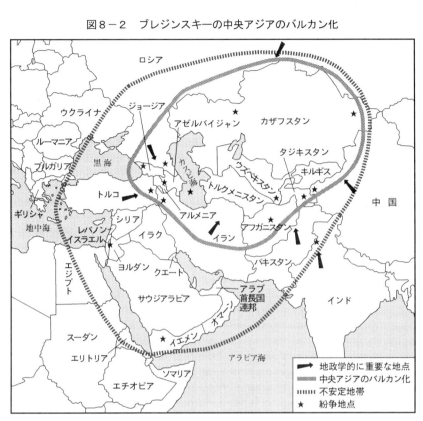

資料：Brzezinski（1997）

ではなくて、ユーラシア・バルカンと呼ばれる中央アジアの 5 つの共和国（カザフスタン、キルギス、タジキスタン、ウズベキスタン、トルクメニスタン）を中心とする地域の力の均衡を保つようにアメリカが介入することが不可欠であると強調した（図 8 - 2）。

　ユーラシア・バルカンは石油・天然ガス・鉱物資源などが豊富であるとともに、民族的には多様で分裂しやすい特徴をもっている。ロシアと中国の緩衝地帯としてユーラシア・バルカンをアメリカの支配下に置くためには、なによりもウズベキスタンをアメリカの支配下に置くことが重要であると彼は

述べている[6]。

　ソ連崩壊後、アメリカは中央アジアのいくつかの共和国に経済的あるいは軍事的に参入している。図6－1で示したように、中央アジアのいくつかの諸国にIMFや世界銀行も関与している。地理的に近い中国も同様に中央アジアには関心を示している。この中央アジアの5つの共和国は、かつてソ連に属していた諸国であり、現在もロシアは影響力を維持したい地域である。したがって、中央アジアは、アメリカ、中国、ロシアの三大勢力が衝突しやすい場所である。

　ブレジンスキーによれば、「地政学的ピボット（要衝）」とは資源などの重要な地域へのアクセスを可能とするかどうかに決定的な影響を与える地政学的な位置にある国を意味する。そのピボット（回転軸）が別の勢力圏に移ると、その周辺の広い地域の力の均衡が一転して変わってしまうという意味で地政学的に特に重要な地点である。ウクライナ、アゼルバイジャン、韓国、トルコ、イランなどが、そのような地政学的ピボットとして重要な役割を果たすと彼は述べている。

　ウクライナをめぐっては、ロシアとEUの間で争奪戦が展開され、ウクライナ紛争が勃発。紛争後、ウクライナはEU加盟をめざしている。トルコは現在NATOに属しているが、もしロシアの支配下に移ったとしたら、周辺地域の力の均衡が大きく崩れる危険性がある。イランも、2003年のイラク攻撃（戦争）の後、アメリカが次の攻撃目標となっている国の一つである。イランはロシアと同盟国であり、南下政策をとりたいロシアとイランを取り込みたいアメリカとの利害が衝突する地域である。

　アゼルバイジャンにはカスピ海西岸にバクー油田がある。アゼルバイジャンは旧ソ連の共和国であったが、ソ連の崩壊によって分離独立した国である。シーア派のイスラム教徒が多く、イランとの関係が歴史的に深い国である。ロシアはソ連崩壊の後もアゼルバイジャンをロシアの勢力圏として支配し続けたいであろう。

　イギリスは、第1次世界大戦中、イラクに侵攻しイラクの油田を支配したが、同様に1917～18年にバクー油田のあるアゼルバイジャンに侵攻した[7]。第

２次世界大戦では、ドイツがこのバクー油田を求めて侵攻を企てたが、スターリングラード攻防戦で敗北し、頓挫した。

（3）ユーラシア・バルカン

　中央アジアのこれらの5つの共和国はそれぞれの民族が中心となって国民国家となっているが、国境を越えて各民族が入り組んで分布し、少数民族の問題もある。またカザフスタンなどにはロシア人も多いなど、民族的に多様で不安定な地域である。ユーラシア・バルカンには宗教的にはイスラム教徒が多い。トルクメニスタンはトルコ系の民族がおり、トルコとの関係が深い。またイランもこの地域には歴史的にも関係してきた。一方、近年、経済大国となってきた中国は、この地域の石油・ガス、金やレアメタルなどの地下鉱物資源の獲得を狙うであろう。

　アメリカはソ連崩壊後、ウズベキスタンを中心にこの地域に資源を求めてアメリカ資本を流入させ、経済的、政治的、軍事的にアメリカの権益を守ろうとしている。パイプラインの設置計画もあり、どのルートを通って、どこへパイプラインを引くかのルートで争っている。ロシアを牽制し、中国の進出をある程度認め、トルコやイランの影響力も含め、ユーラシア・バルカンに巨大な勢力が生まれないように、ロシア・中国・トルコ・イラン間の力の均衡を取りつつ、アメリカの権益を守るための巧妙な策略や工作が必要である。ブレジンスキーはイランとの関係回復やイスラム原理主義から世俗化へのイランの変化も期待しており、またトルコがイスラム原理主義に走らず、世俗的な政権のまま維持することが、地政学的な力の均衡の維持には必要であると述べている。

　ブレジンスキーはロシアと中国が同盟関係を強めることを阻止し、むしろロシアと中国を分裂させるように誘導すべきだと主張している。そしてユーラシア・バルカンにおいて2つの大国の利害が対立する構図をビジョンとして描いている。そのためにもパキスタンを不安定化する必要があると彼は考えている。

アジアでは、中国と日本とアメリカの3ヵ国の力の均衡をはかることが課題となる。日本が地域的大国とならないようにコントロールしつつ、中国と日本が同盟を組まないようにするのが、アメリカの地政学的戦略である、とブレジンスキーは述べている。

　日本の東アジアにおける影響力は、第2次世界大戦中に日本軍が進攻したこともあり強かったが、1990年代頃から弱まってきている。中国と日本を分断させようとするアメリカの圧力が働いていることも明らかである。確かにブレジンスキーの構想通りに世界が動いているようだ。

　北朝鮮と韓国の統合や、台湾の中国への統一の問題も論じられている。南北朝鮮が統一した場合、韓国にあるアメリカの軍事基地が不要となり、中国も朝鮮半島に米軍基地を認めないであろうから、アメリカ軍は撤退しなければならないだろうとブレジンスキーは論じている。このような要衝である韓国の地政学的な変化によって引き起こされる力の均衡をいかに維持するかがアメリカの戦略的課題である。

（4）ハートランド支配

　ブレジンスキーの長期的展望は、ロシアがEUに加盟し、ユーラシア・ユニオンが形成されることである。それはアメリカが頂点に立ち、拡大したEUがユーラシア全体を支配する構想である。2017年現在、ロシアのプーチン大統領はアメリカとの対決姿勢を強めているが、ロシアがアメリカの軍門に下ることになれば、EUがユーラシア全体を包摂するようになるかもしれない。しかし現在のところEUの分裂の可能性もあり、ブレジンスキーの構想通りになるかはわからない。

　そしてブレジンスキーは言う。「アメリカの世界覇権は、いかに、どのくらい長くユーラシアにおけるアメリカの優位性を維持できるかにかかっている」と。彼の地政学はマッキンダーのハートランド理論と同様に、ハートランドを制したものが世界を制すのであり、アメリカが世界制覇するためにハートランド支配は必須なのである。

　オバマ政権の対外政策は、ジョージ・W・ブッシュ（子）大統領時代のネ

オコン路線から軌道修正され、ブレジンスキーによる新しい世界戦略を採用した。一方、ブレジンスキーは、ネオコンによる2003年のイラク攻撃計画にはほとんど関わっていなかったと述べていた。

第4節　ロシアを囲むリムランドにおける紛争

（1）NATOの旧共産圏への拡大

　ブレジンスキーは1997年の著書のなかで、EUやNATOの加盟諸国が東方に拡大することを構想していた。彼の先見性は、実際、2000年代以降、EUやNATOが旧社会主義圏にも拡大してきた事実からもうなずける。

　北大西洋条約機構（North Atlantic Treaty Organization: 略してNATO）は、北アメリカ（アメリカとカナダ）とヨーロッパ諸国の軍事同盟である。NATOはフランスとイギリスが中心となって、アメリカを引き入れ、ナチス・ドイツを抑え込み、ソ連を中心とする社会主義圏に対抗するために結成されたものである。図8－3はNATOの加盟国の拡大を示した地図である。

　1949年の結成時の加盟諸国は、アイスランド、アメリカ合衆国、イギリス、イタリア、オランダ、カナダ、デンマーク、ノルウェー、フランス、ベルギー、ポルトガル、ルクセンブルクの12ヵ国であった。中立国のスイスやスウェーデンは加入しなかった。オーストリア、アイルランド、それからロシアと接するフィンランドも加入しなかった。

　1952年に、ギリシャ、トルコが加盟した。地政学的にソ連の南下を警戒する意味でも、ギリシャとトルコをNATOに引き入れる必要があったのだろう。

　1955年に西ドイツが加盟した。ドイツは連合軍の占領下で武装解除されたが、東西冷戦下、再軍備化が認められ、1955年NATOに加盟した。この事態を受けてソ連を中心とする8ヵ国は、ワルシャワ条約機構を結成した。

　1982年にはスペインが加入した。

　冷戦終結後、NATOの東方拡大が進行した。1986年、アイスランドのレイキャビクで行われたレーガン・ゴルバチョフ会談で冷戦終結を確認し、1990

図8-3　1990年時点のNATO加盟国とその後の拡大

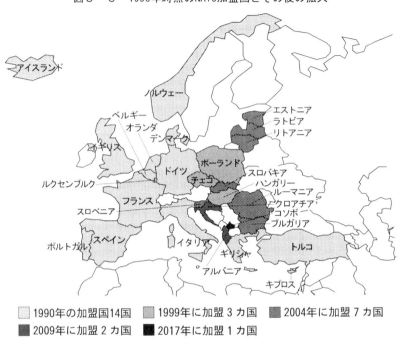

□ 1990年の加盟国14国　▨ 1999年に加盟3カ国　▨ 2004年に加盟7カ国
■ 2009年に加盟2カ国　■ 2017年に加盟1カ国

年ドイツは統一され、旧東ドイツ地区もNATOに属することになった。あくまで旧東ドイツまでが、ソ連のゴルバチョフが合意したことであった。それ以上に東方にNATOが拡大することは、きちんとした文書で確認したわけではないが、レーガン・ゴルバチョフ会談の合意の精神から逸脱するものである。

　しかし2000年を前にして、ソ連の衛星国であった、チェコ、ハンガリー、ポーランドが1999年にNATOに加入した。2004年には旧社会主義圏であったスロバキア、スロベニア、ブルガリア、ルーマニアとともに、ソ連から分離独立したエストニア、ラトビア、リトアニアのバルト3国、合計7ヵ国がNATOに加盟した。旧衛星国がNATOに加盟するばかりでなく、旧ソ連から分離独立したバルト3国までNATOに加盟した。もともとヨーロッパへの帰属意識が強いバルト3国であるが、ロシアと直接国境を接するエストニア

第8章 米国の世界覇権と現代の地政学

とラトビアまでもNATOに加盟したことは、ロシアからみると軍事的な脅威がかなり高まったことは想像に難くない。

2009年アルバニア、クロアチア、2017年モンテネグロが加入した。かつてワルシャワ条約機構に加入していた衛星国はすべてNATOに加入し、ロシア以西で残ったのはベラルーシ、ウクライナ、モルドバの3国となった。その後もジョージアやアゼルバイジャンまでもNATOに引き入れようとする動きもあり、ロシアからみると、軍事的脅威がますます増大していると受けとめられて当然である。

（2）EUの旧共産圏への拡大

図8－4は、欧州連合（European Union: EU）の拡大過程の地図である。

図8－4　1990年以降のEU加盟国の拡大

第1次世界大戦と第2次世界大戦と二度の大戦で、ヨーロッパは戦場になり、ドイツとフランスは石炭や鉄鋼の資源をめぐって争った。そのような戦争をもう繰り返さないために、石炭と鉄鋼を共同管理する目的で、1952年、欧州石炭鉄鋼共同体（ECSC）が設立された。加盟国はフランス、西ドイツ、イタリア、オランダ、ベルギー、ルクセンブルクの6ヵ国であった。これらの国は「インナー6」と呼ばれる。1958年には石炭・鉄鋼に限らず、経済全般の協力のために、欧州経済共同体（EEC）が設立された。加盟国は同じ6ヵ国であった。1967年にはさらに統合が深化し、欧州共同体（EC）という名称に変わった。

　1973年にこれまでの6ヵ国に加えて、イギリス、アイルランド、デンマークもECに加盟した。イギリスは懐疑的な面もあったが、経済的な共同体で、政治的な統合化には至らないと考えて加入した。イギリスが加入するため、イギリスと経済的に密接な関係のあるアイルランドやデンマークも同時に加盟に踏み切った。ノルウェーも加盟申請したが国民投票の結果否決された。ノルウェーは漁業が盛んであるため、EC加盟は不利であると国民が判断した。

　これまで軍事独裁政権が続いていた諸国において1980年代に民主的な政権が誕生した国は加盟が許可された。1981年にギリシャ、1986年にスペインとポルトガルが加盟した。これらの国々は西ヨーロッパのなかでは工業化が遅れていたが、ECに加入しても工業化の促進にはあまり結びつかなかった。

　冷戦も終結し、1990年ドイツの統一によって東ドイツ地域もEUに包摂された。1993年にはマーストリヒト条約の発効によって、欧州連合（EU）が誕生した。1995年、オーストリア、フィンランド、スウェーデンがEUに加入した。スイスは加盟申請したが、国民の反対で加入は凍結された。

　2004年には旧社会主義圏の諸国にEUの領域が一気に広がった。エストニア、ラトビア、リトアニア、ポーランド、チェコ、スロバキア、ハンガリー、スロベニア、マルタ、キプロスの10ヵ国が加入。2007年にブルガリア、ルーマニアが加盟。2013年にはクロアチアが加盟した。

（3）ユーロ圏の拡大

EU加盟国のなかで、ユーロ導入国は2001年の時点で12ヵ国であったが、現在19ヵ国に増加している（図8－5）。

ユーロ圏は最初1999年1月1日に開始した。オーストリア、ベルギー、フィンランド、フランス、ドイツ、アイルランド、スペイン、イタリア、ルクセンブルク、オランダ、ポルトガルの11ヵ国であった。2001年、ギリシャが加わり、ユーロ圏は12ヵ国となった。

2004年にEUに加盟した諸国のなかで、ユーロ圏に加わったのは、スロベニア（2007年）、キプロス（2008年）、マルタ（2008年）、スロバキア（2009年）、エストニア（2011年）、ラトビア（2014年）、リトアニア（2015年）である。

EU加盟国でユーロを導入していない国は、イギリス、デンマーク、スウェ

図8－5　ユーロ通貨圏の拡大

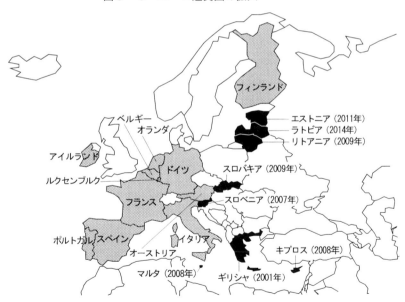

ーデン、ブルガリア、クロアチア、チェコ、ハンガリー、ポーランド、ルーマニアの9ヵ国である。

　ユーロ圏の金融政策は欧州中央銀行（ECB）によって管理されている。

（4）NATOとEUの地域的拡大の地政学的意味

　ロシア側から見ると、EUやNATOの旧社会主義圏への拡大は、西側からの軍事的な脅威の増大である。実際、ブレジンスキーの地政学の主要攻撃目的は、ロシアの解体であった。ソ連崩壊以降、かつてのソ連の影響圏であった諸国や独立した共和国にまで、EUやNATOの加盟国を拡大させ、しかもアメリカ軍の基地を設置することは、1989年のマルタ会談におけるジョージ・H・ブッシュ（父）大統領とゴルバチョフとの合意の精神を逸脱するものであり、ロシアの目には裏切りと映る。

　アメリカはNATOを通してヨーロッパに基地をもち、軍事的な影響力をもち続けている（トランプ大統領は選挙戦で「NATOはもう時代遅れだ、アメリカはヨーロッパに介入しない」と述べているが）。アメリカを支配するグローバリスト（"deep state"とも呼ばれる）は、ブレジンスキーが言うように、ユーラシア大陸支配を確立するため、EUをアメリカの橋頭堡（前進基地）と位置づけている。そしてグローバリストはEUやNATOを支持するばかりでなく、その東方への拡大を目論んでいる。

　EUとアメリカが対立し、EUの統合や拡大をアメリカが望んでいないと思われるのは誤解で、アメリカは積極的にEU統合と拡大を支持することを発言していかなければならないと、ブレジンスキーは著書のなかでも述べている。

　実際、2016年6月23日のイギリスのEU離脱に関する国民投票の前に、オバマ大統領はイギリスに出向き、「イギリスの離脱に反対する」と述べた。このオバマ大統領の内政干渉的な発言は、けっして奇異なものではない。第2次世界大戦後一貫してアメリカの思惑は欧州統合にあったからである。

　情報公開されたCIA文書の研究によって、欧州統合の動きにCIAが関与していた事実が明らかになった（Evans-Pritchard 2000）。トルーマン、アイゼ

ンハワー、ケネディ、ジョンソン、ニクソンの歴代政権は、秘密裏にCIAを通してEUの統合のための資金を供給してきた。イギリスが1973年にEECに加入した動きの背景にも、CIAの資金供給があった（Evans-Pritchard 2016）。アメリカは初めからEUの統合とその地域的な拡大を望んできたのである。

　グローバリストの構想は、まず欧州の統合を足がかりとし、その次の段階として、大西洋をまたがって欧州とアメリカ大陸を統合し、最終的に世界支配を完成することにある。欧州の統合が必要であったのは、ワシントンが欧州の多くの国家と個別に対応するよりも、欧州の統合された一極と交渉して支配するほうが容易だからである。

　欧州は第2次世界大戦でまた戦場となり、都市や工場が破壊された。戦後、欧州はアメリカのマーシャル・プランの経済支援で復興した。その後、アメリカは欧州を経済的にはEUを通して、軍事的にはNATOを通して支配してきた。ドイツ、イギリス、フランスなどの首相や大統領は、「アメリカの傀儡」であると侮蔑的に発言しているのは、レーガン政権で経済顧問だったポール・クレイグ・ロバーツである。それが偽らざるワシントンの為政者からの欧州観なのであろう。世界覇権国アメリカは、地域統合によって属国支配をより完成させようとしている。

　ビジネスの面でも、何千ものグローバル企業はロビー活動の拠点をブリュッセルに集中させている。欧州の市場統合が進むほど、グローバル企業は個々の国家にロビー活動する手間が省ける利点がある。EUの法令を作成するのはブリュッセルの官僚である。欧州議会の各国からの議員は、ブリュッセルの官僚が作成した法案を理解するのがやっとで、十分審議する余裕もなく、欧州議会は次々に法案を通過させ承認する形式的な機関になっている。ブリュッセルは本来の民主主義的なプロセスを踏まずに、グローバル企業に有利な制度をEU市場で導入させ、汚職や不正の温床となりやすい官僚組織になっている。

（5）ウクライナ問題

　問題はウクライナである。ソ連崩壊後、ウクライナはロシアを本質的に変

えることができるほどの地政学的ピボットとなった。ウクライナがなければ、ロシアはユーラシア帝国として存続できないからである。逆にロシアが撤退したウクライナを再び獲得すればロシアは強力な帝国となり、ヨーロッパからアジアまで支配することが可能となる。

　ウクライナの意味は「境界地」であるという説がある。1654年、ウクライナのコサックがロシアに隷属し、ウクライナはポーランドとロシアが領土をめぐって争う「境界地」となった。しかもオスマントルコが黒海沿岸に領土を広げ、クリミア半島にまで領土を広げていた。18世紀末までに、オスマントルコの勢力は撃退され、ポーランドも分割され、ロシアのウクライナ領土はキエフを含む西部地域まで拡大した。ウクライナの一部は300年以上、残りの大部分も200年以上ロシアの支配下にあった。

　第1次世界大戦と第2次世界大戦の際には、2回ともウクライナは西側から一時的にドイツに占領された。しかしいずれも戦後はソ連に帰属した。このようにウクライナは歴史的にもさまざまな大国の拡張主義的野望によって領土を奪われた周辺的な「境界地」であった。

　1991年12月、ソ連は崩壊し、ウクライナは独立した。ウクライナが独立する前からウクライナはすでにアメリカの影響を受けており、ウクライナはロシア中心のCIS（独立国家共同体）構想に反対した。

　2004年の大統領選挙で親露派のヴィクトル・ヤヌコービッチが選ばれたが、不正選挙があったという理由で再選挙を要求する大衆の抗議運動が起こった。これが「オレンジ革命」である。西側のメディアも革命側を支援し、再選挙が行われ、ヴィクトル・ユシチェンコが大統領に選ばれ政権についた。

　しかし2010年の大統領選挙では親露派のヤヌコービッチが再度当選し、政権についた。ヤヌコービッチは2013年にウクライナとEUとの貿易協定の仮調印を済ませたが、ロシアからの圧力を受けこの協定は調印に至らなかった。これに対しEU寄りの野党勢力から強い反発が起こり、ウクライナ国内は大規模な反政府デモが発生するなど騒乱状態に陥った。2014年2月、親露派ヤヌコービッチはクーデターで政権を追われた。

　首都キエフとその周辺は、親露派ヤヌコービッチにとって、反対勢力が強

第 8 章　米国の世界覇権と現代の地政学

い地域である。彼の支持層はウクライナ南東部に偏っている。南東部にはロシア人が多く分布し、ロシア語を話す人々が多い。特にクリミア半島は、ロシア海軍の軍港があり、ロシア人が多い。2014年の住民投票では、クリミアがロシアに帰属することに大多数が賛成票を投じた。

　もともとクリミア半島は、ソ連時代にロシア共和国の管轄であったが、1954年にニキータ・フルシチョフがクリミア半島の管轄をウクライナに移してしまった。クリミア半島は、ロシアとは陸続きでなく、電気も水道もウクライナに依存しなければならない地域である。クリミアの分離独立以来、プーチンはロシア側からクリミアへ達する全長19キロメートルの橋を建設中である。

　IMFはウクライナが社会主義体制から市場経済に転換する移行期の早い時期に、ウクライナに融資を開始した。以来ウクライナはIMFからの融資を受け続け、融資条件として構造調整プログラムも受け入れてきた。規制緩和、民営化、金融の自由化、財政削減による緊縮財政などによってウクライナの国民は経済的に疲弊してきている。ウクライナは豊かな穀倉地帯であるが、最近、IMF融資条件にモンサントの遺伝子組み換えの小麦の種子の購入も含まれていた。

（6）ジョージア（グルジア）

　旧ソ連領の「グルジア」の国名表記を、日本では2015年に「ジョージア」に変更した。グルジアは2008年にロシアと武力衝突し外交関係を断絶し、国名をロシア語に由来するグルジアから、英語のジョージアに切り替えるよう各国に働きかけていた。英語表記では米国ジョージア州と全く同一である。

　ジョージアはスターリンの出身地であり、200年以上ロシア領土であったところで、ロシア人も多く居住している地域があり、ロシア軍の基地もある。ジョージアもロシアにとって切り離し難い国である。

　アメリカはソ連崩壊後のジョージアにも介入し、2003年の「バラ革命」によって親米傀儡政権を樹立させた。「バラ革命」の前に、急進的なネオリベラル経済改革を躊躇する政権に対して、IMFや他の国際的金融機関も援助を

203

中止する決定をしていた（Papava 2006）。2003年、赤いバラの花を手に持ったデモ隊が議会になだれ込み、平和的にロシア寄りの政権から米国・NATO寄りの政権に移行させた。それ以来ジョージアとロシアの関係は悪化した。

　2008年にはジョージアで紛争が起こり、ロシア軍が侵攻した。ジョージアのなかには、ロシア人が居住する地域——南オセチア共和国があり、分離独立運動があった。2008年8月、「ロシアがジョージアに侵略し、南オセチア共和国のジョージア人を虐殺した」と西側では報道された。一方、ロシア側の報道によれば、「ジョージア政府軍が南オセチアのロシア人を攻撃したため、ロシア人を保護するためにロシア軍がジョージアに進攻した」とされている。後者の報道のほうが、現地住民の生の声を詳しく伝えているが、西側とロシア側の報道が食い違い、真実がわかりにくくなっている。

（7）カラー革命

　2000年以降、ロシアと歴史的関係が深かった旧社会主義圏の諸国において、親露政権から親米政権へと移行を伴う「カラー革命（color revolution）」があいついで発生した。2000年セルビアで「ブルドーザー革命」、2003年ジョージアで「バラ革命」、2004年ウクライナで「オレンジ革命」、2005年キルギスの「チューリップ革命」である。

　これらのカラー革命は、政権を批判する大群衆が街頭で抗議行動を行い、国の指導者を辞任させた革命である。キルギスのチューリップ革命以外は、非暴力的な手段で政権交代に成功した。バラ革命、オレンジ革命、チューリップ革命のいずれも選挙後に、不正選挙があったとして選挙のやり直し求める抗議行動が起こり、結局、革命勢力が支持する政権への交代が起こっている。

　これらの「カラー革命」のモデルは、2000年にセルビアのスロボダン・ミロシェヴィッチ政権打倒に成功した「ブルドーザー革命」であった。いずれの革命も非暴力革命に多くの大衆を動員するために、プロパガンダのための放送局を設置し、情報のコントロールを行った。そして主に若者を対象として革命のための共通テキストを使った教育を施した。革命のためにジョージ・

ソロスが組織したオープン・ソサエティ基金などのNGOが資金を提供し、またアメリカ合衆国国際開発庁（USAID）などのアメリカ政府機関の予算がこのような運動に流れていた。

「カラー革命」は自然発生的な革命ではなく、周到に戦略的に計画された事件であった。2011年の「アラブの春」のチュニジアやエジプトの民主革命も、同様なモデルに従っていた。

ソ連から分離独立した共和国に対して、アメリカがかなり以前から政治的に介入してきたことがわかる。この点からも、ロシアからみると、より軍事的脅威が増していると映る。

（8）ロシアの軍事力

ロシアは、米ソが対立していた冷戦下のイメージがあるので、軍事大国と思われがちであるが、それほどの軍事大国ではない。

経済力もアメリカにはとても及ばない。2014年後半からの原油価格の下落によって、資源輸出国のロシアのGDPが低下した。2016年のアメリカのGDP

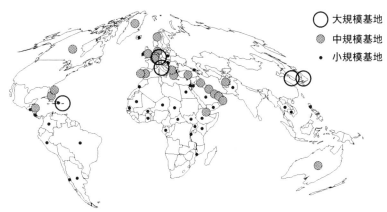

図8－6　米軍基地の分布

注：Vine（2015, pp.6-7）に従って、国別に基地の規模や数で3つに区分した。アメリカや他国が領有する島の基地は除外した。ただし、プエルトリコは表示した。小規模基地は複数の基地がある場合も含む。

アメリカの14分の1以下である。ちなみに世界第2位の中国のGDPは11.2兆ドル、第3位の日本は4.9兆ドルである。

2016年の世界各国の軍事予算を比較すると、世界で1位のアメリカは6,000億ドル、世界のすべての国の軍事予算総額の36%を占める。それに対し、ロシアの軍事予算は700億ドル弱で、アメリカの9分の1以下にすぎない。ロシアの軍事予算は世界第3位で、第2位は中国に奪われている。中国の軍事予算は2,000億ドルに達しており、アメリカの約3分の1にまで増加している。第4位から第10位までは、サウジアラビア、インド、フランス、イギリス、日本、ドイツ、韓国の順になっている。

ロシアは冷戦の遺構として核兵器を持っている軍事大国である。冷戦が終結してから、アメリカのリムランドへの影響力の増大に対抗するため、ロシアは軍事力のイノベーションには特別に配慮してきた。

ウクライナを刺激すると、ロシアは対抗するには核を使うしかなくなり、とても危険な状態である。しかも、NATOとロシアの戦争ゲームでは60時間以内でエストニアとリトアニアの首都がロシア軍に制圧されてしまうとの報告が出されている（Shlapak 2016）。アメリカやNATOの軍事力が意外に弱いことを示唆している。

トランプ大統領も、大統領選挙戦の時に、「アメリカの軍事力が弱体化している」「古い戦闘機を未だに使っている」「最新の武器に代えるべきである」と訴えていた。「軍産複合体」は、政府からの補助金で莫大な利益を得ることができても、必ずしもアメリカを防衛するために最先端の武器を供給しているわけではないようだ。

第5節　イスラム対ユダヤ・キリスト教の宗教的対立

ブレジンスキーの『グランド・チェースボート』では、中東のことはあまり詳しく述べていないし、ネオコンがプランニングして行ったイラク攻撃に関しても、彼は関与していなかったと述べている。彼の関心はあくまでハートランドの制圧にあったからである。しかし、世界の覇権国家として中東の

石油を支配することは、ペトロダラーの観点からも重要である。中東はキリスト教と歴史的に対立してきたイスラム教徒が多い地域である。しかも1948年のイスラエルの建国以来、事情が複雑になっている。ここでは歴史的な経緯を説明しながら、中東問題を考察する。

（1）イスラム帝国の領土拡大

　ムハンマドはメッカで預言者として活動を始め、622年メディナに移動した。この年がイスラム暦の元年となった。ムハンマドは亡くなるまでにアラビア半島全域を統一した。当時、この周辺地域は、ササン朝ペルシャと、ローマ帝国が東西に分裂した東半分のビザンツ帝国（東ローマ帝国）が抗争していた。ムハンマドの後継者として4代にわたる正統カリフ時代の661年までに、ササン朝ペルシャを破り、ビザンツ帝国からシリアやエジプトを獲得し領土を広げた。ウマイヤ朝の時代に首都をダマスカスに移し、北アフリカを征服し、ジブラルタル海峡を渡り、イベリア半島に侵入した。東方でも領土を広げ、インダス川や中央アジアにも拡大した。

　イスラム帝国は時代の変遷とともに、中心がアラブからイラン、そしてト

図8－7　イスラム教徒の分布

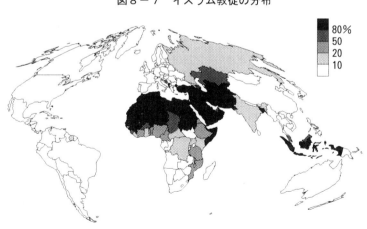

資料：Pew Research Center (2011)

ルコに移動する。トルコを中心とするオスマン帝国は、15世紀にはビザンツ帝国を滅ぼし、コンスタンチノープルを首都とした。東ヨーロッパにも領土を広げ、17世紀末にはバルカン半島に拡大し、ハンガリー、ユーゴスラビア、そしてオーストリアのウィーンに接近する勢いであった。しかし17世紀末以降帝国は衰退しはじめ、特に19世紀の初頭からは、東欧のオスマン帝国の領土が徐々に解体・縮小していった。

（2）オスマン帝国の領土縮小とバルカン化

バルカン半島で起こった大国が小国に細かく分解されていく過程を「バルカン化」（図8−8−①）と呼ぶ。1914年までに、オスマン帝国の領土後退のあとで、ロシア帝国やオーストリア・ハンガリー帝国の領土が広がるとともに、ルーマニア、ブルガリア、セルビア、モンテネグロ、アルバニアなどの国が生まれていった（図8−8−②）。

第1世界大戦の敗戦によりオスマン帝国の領土は東ヨーロッパから消滅した。ロシア革命によりソ連が成立し、オーストリア・ハンガリー帝国も崩壊した。ソ連は領土を後退させ、エストニア、ラトビア、リトアニアのバルト3国が成立し、国土が消滅していたポーランドが復活し、チェコスロバキア、オーストリア、ハンガリー、ルーマニア、ブルガリア、アルバニアに加えて、戦勝国が支援してユーゴスラビアが建国され、大国がいくつもの小国に分裂した（図8−8−③）。

第2次世界大戦によって、ソ連の領土が再び拡張し、バルト3国やポーランドの東の領土を吸収した。またドイツが東西ドイツに分割された。東欧諸国は、ソ連に支配される社会主義圏に含まれるようになった（図8−8−④）。

ソ連の崩壊後、東欧はさらにバルカン化が進み、チェコスロバキアは、チェコとスロバキアに分裂し、ユーゴスラビアも分裂し、スロベニア、クロアチア、セルビア、ボスニア・ヘルツェゴビナ、モンテネグロ、マケドニアの6ヵ国に分かれた。ユーゴスラビアの中央部に西ローマ帝国と東ローマ帝国の境界線があったために、西側のスロベニアとクロアチアにはカトリック教徒が多く、東側のセルビアやモンテネグロ、マケドニアにはギリシャ正教徒

第 8 章　米国の世界覇権と現代の地政学

図 8 − 8 − ①　バルカン化　1815 年

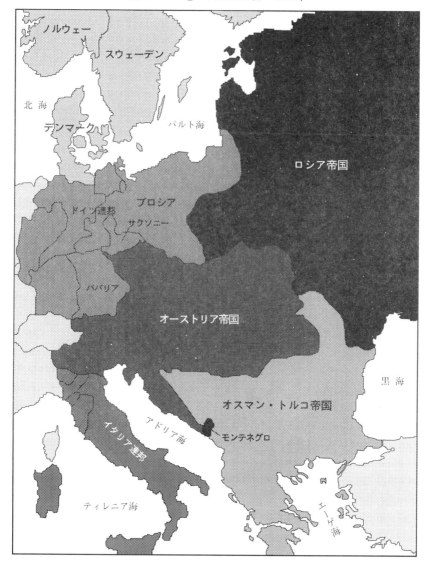

図8-8-② バルカン化 1914年

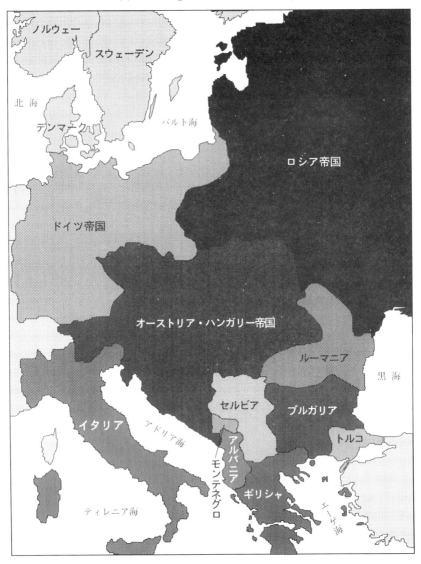

第8章　米国の世界覇権と現代の地政学

図8-8-③　バルカン化　1919年

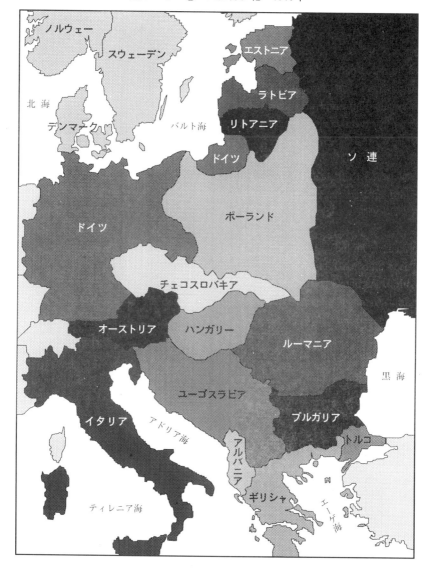

図8−8−④ バルカン化 1945年

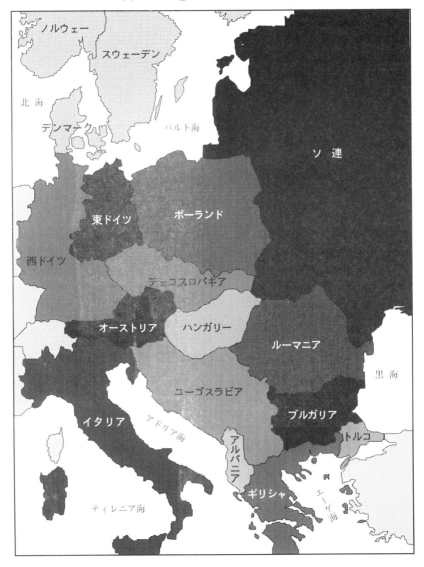

が多い。またオスマン帝国が拡大した影響でイスラム教徒も混在している。

　セルビアの一部にコソボがあった。コソボはアルバニアに隣接し、歴史的にはキリスト教徒が多かった地域だが、最近ではイスラム教徒が多数派に転じてきた。セルビアはセルビア民族主義を掲げるなかで、1999年アルバニア系のイスラム教とセルビア系のキリスト教との対立が激化した。同年3月、NATO軍が空爆を開始し、6月国連暫定統治が開始した。2008年2月、コソボは独立宣言し、アルバニア系住民は祝賀ムードに包まれた。米英独仏がコソボの独立を承認したが、ロシアや中国は反対した。

（3）イスラエルの建国の歴史

ディアスポラのユダヤ人とシオニズム運動

　紀元前にユダヤ人の国家はローマ帝国の属国となり、紀元70年にはエルサレムのユダヤ教の神殿もローマ軍によって破壊され、ユダヤ人は世界中に離散した。これをディアスポラという。ユダヤ人はヨーロッパでは差別され、土地所有を許可されなかった。ユダヤ人は商業活動に従事する者が多かった。イタリアなどでは、都市の一角、「ゲットー」と呼ばれるユダヤ人居住区に押し込められた。

　1882年に故国に帰還するためのシオニズム（Zionism）運動が宣言された。シオン（Zion）とはエルサレムのことを意味する。1892年にフランスでドレフュス事件（冤罪）が起きた。この事件の背景には、ユダヤ人に対する差別・偏見があった。1882年の不況の時代には、ロスチャイルドなどのユダヤ系金融資本への批判が高まった。

　ロシアではポグロムと呼ばれるユダヤ人の迫害も起こり、ユダヤ人はパレスチナの土地を購入して移住し始め、やがてユダヤ人国家を建設する夢を語るようになった。1897年には、第1回シオニスト会議が開催された。

　1903年に、イギリスはアフリカ、現在のウガンダにユダヤ人の国家をつくることを提案したが、第6回シオニスト会議で強硬な反対にあった。

（4）バルフォア宣言

シオニズム運動の推進者であるハイム・ワイスマンは科学者であり、第1次世界大戦中に火薬生産のための材料であるアセトンの供給を断たれて窮地に陥ったイギリスに対して、合成アセトンを開発し提供した。そのワイスマンの貢献によって、イギリスのバルフォア外相がロスチャイルド卿に対して、イスラエルの建国を約束した手紙を送った。これが1917年のバルフォア宣言である。ちなみにワイスマンは第2次世界大戦後にイスラエルが建国されたときの初代大統領になった。

1918年に第1次世界大戦は終結し、中東はフランス（レバノン、シリア）とイギリス（イラク、パレスチナ）の委任統治領となる。イギリスの委任統治領となったパレスチナには、バルフォア宣言を受けてユダヤ人の移住が始まった。パレスチナにはオスマン帝国の支配下で、イスラム教のアラブ人が居住していた。イギリスはアラブ人に対して、第1次世界大戦中マクマホン条約を締結し、トルコ軍とともに戦う協力を得た。バルフォア宣言とマクマホン条約は相矛盾するものであった。

イギリスの政治家の間でもシオニズムを支持する政治家とアラブ側を支持する政治家に分裂していた。1919年イギリスは委任統治領のパレスチナ全域をユダヤ人のための国と予定したが、1922年になると、イギリスはパレスチナの80％を占めるヨルダン川の左岸地域にトランス・ヨルダン国家を樹立して、ユダヤ人国家の面積を縮小させた。一方、バルフォア宣言から8年間で、パレスチナに移住したユダヤ人は5万人から10万人に増加した。しかしアラブ人は激しく拒絶した。

（5）第2次世界大戦前のイギリスの宥和政策

ナチス・ドイツは1938年にオーストリアを併合し、イギリスのネブィル・チェンバレン首相は、戦争を避けるために妥協する宥和政策を取り、ドイツにチェコスロバキアのズデーテン地域の割譲を認めた。1939年3月ドイツはチェコスロバキアを占領し、ポーランドにも侵攻し、1939年9月に第2次世

界大戦が勃発した。

　ナチス・ドイツに対して宥和政策を取ったチェンバレンは、1939年5月マクドナルド白書を提出した。この内容は、①パレスチナへのユダヤ人移民を制限し、最終的に禁止する、②ユダヤ人の土地購入はユダヤ人が多数派となった地区のみに限定する、③戦争終結後、アラブが支配するパレスチナ国家を支持する、というものであった。これはユダヤ人への裏切りであり、チャーチルは「紛れもない信仰の放棄」と嘆いた。この白書の4ヵ月後に第2次世界大戦へ突入する。

（6）ナチス・ドイツによる迫害

　ヒトラーのユダヤ人に対する迫害は、1933年の政権誕生直後から始まった。ヒトラーは直ちにドイツのユダヤ人企業をすべて解体し、1935年にユダヤ人の市民権をはく奪した。1939年9月、戦争勃発とともに、ヒトラーはユダヤ人を大量逮捕、強制収容所へ送った。1940年ユダヤ人全員を強制収容所に収監し、1942年、ユダヤ人を殲滅する計画「最終的解決」を行った。アウシュビッツ（ポーランド）だけでも300万人以上が殺戮され、合計600万人のユダヤ人が殺された。

　逮捕されずに逃れたユダヤ人が、パレスチナへ船で帰還しようとしても、ヒトラーはビザを発行せず、イギリスはパレスチナへの入国を許可しなかった。たとえパレスチナの近くまで行っても、それ以上近づくことを差し止められ、海岸にたどり着いても銃口を突きつけられて追い返された。

　第2次世界大戦中、チャーチル首相はシオニズムを強力に支持したが、1945年、戦後の景気低迷もあり、選挙で敗北した。次期内閣外相となったベヴィンは、アラブに新独立国が生まれ、石油の利権を重視したため、親アラブに転じたために、第2次世界大戦後にはイギリスのシオニズムに対する政策が完全に転換してしまった。

（7）イスラエル建国

　1948年5月14日、イスラエルが独立を宣言すると、翌15日、周辺のアラブ

諸国が攻撃してきた。この戦争をアラブ側は「パレスチナ戦争」と呼ぶが、イスラエルは「独立戦争」と呼ぶ。これがいわゆる中東戦争の始まりで、「第1次中東戦争」である。

　1956年7月、エジプトがスエズ運河の国有化を決定すると、イギリス、フランス、イスラエルがエジプトを攻撃し、「スエズ危機」(第2次中東戦争)が起こる。イスラエルはシナイ半島を占領したが、停戦成立後に返還した。

　1967年6月、「六日戦争」(第3次中東戦争)が起こる。エジプト、ヨルダン、シリアが同時にイスラエルを攻撃し、イラク、サウジアラビア、クウェート、アルジェリアなどの諸国も兵員や武器を提供し協力した。この戦争でイスラエルはヨルダンから西岸地区（エルサレムの東地区も含む）、シリアからゴラン高原、エジプトからシナイ半島とガザ地区を奪い占領した。特に神殿があったエルサレムを占領できたことは快挙であった。

　1973年10月、「ヨムキプール戦争」(第4次中東戦争)が起こる。アラブ諸国の連合軍が六日戦争で失った領土を取り戻そうと、ユダヤ教の聖日であるヨムキプールに突然攻撃を仕掛けてきたが、イスラエルは反撃・勝利し、領土の変更はなかった。OPECは原油価格値上げを決定する一方、アラブ産油国が中心のOAPECは、アメリカをはじめイスラエルを支援した国々には石油輸出禁止するとして、石油価格の高騰が起こった。第1次石油ショックである（第1章参照）。

　PLO (Palestine Liberation Organization, パレスチナ解放機構) が南レバノンから攻撃をかけるようになり、1982年にはイスラエル軍がレバノンに侵攻し、PLOを追放した。その後、イランに支援されたイスラム過激派ゲリラであるヒズボラによる攻撃が続く。

　2005年にはイスラエル軍もイスラエルの民間人も、ガザ地区から完全に撤退した。その後に、ガザ地区で過激派のハマスが政権を奪った。

　2006年にレバノンとの戦闘、2008年から2009年の冬にかけて、ガザでイスラエルとハマスの間で戦闘が起きた。その後もイスラエルは自爆テロなどのイスラム・テロリストの攻撃や、ガザからのロケット弾攻撃を受け続けている。圧倒的に軍事力があるイスラエルがガザ地区へ反撃すると、ガザのハマ

スはイスラエルの爆撃目標周辺に子どもや高齢者などを意図的に残し（「人間の盾」）、そのためイスラエルの爆撃によって多数の民間人の被害者がでる。そのためイスラエルは国際的に激しい避難を浴びる。テロリストとの闘いは長期化し、なかなか解決策が見出せないでいる。

（8）アメリカはなぜイスラエルを支持するのか

　イスラエルとパレスチナの対立が続いている。日本やヨーロッパなどを含め、国際的には大部分の国々が、イスラエルに土地を奪われたアラブ人側のパレスチナに同情的である。ところが、2016年のギャロップ調査によれば、アメリカ人の62％はイスラエルを支持し、パレスチナを支持するのは15％である。アメリカ人の大多数はパレスチナよりもイスラエルに同情的なのである。

　イスラエル支持とパレスチナ支持の割合を年齢別にみると、50歳以上では72％対10％、30歳から49歳までが54％対18％、18歳から29歳までが54％対23％となっている。つまり、若いほどパレスチナ支持が増加するものの、アメリカ人は以前として圧倒的にイスラエル支持である。

　とりわけ宗教的な背景や政党支持がイスラエル支持率に差をもたらしている。イスラエルを支持する率は、プロテスタントでは72％、無宗教のアメリカ人では41％である。政党支持別では、共和党で79％、民主党で53％である。どちらの政党でもイスラエル支持が多数であることには変わりない。

　アメリカ人は、なぜイスラエルを支持するであろうか。

　宗教的には福音主義的プロテスタントの影響がある。聖書には「アブラハムを祝福するものを神は祝福し、アブラハムを呪うものを神は呪う」と書かれているからである。また、キリスト教終末論ではユダヤ人がエルサレムにいる状況のもとで、キリストの再臨があると予言されている。預言者の成就を期待している福音主義的プロテスタントはイスラエルを擁護する人々である。

　第２次世界大戦中、ホロコーストによって何百万のユダヤ人が虐殺され、ヨーロッパ戦線に参戦したアメリカ兵は、強制収容所のユダヤ人を解放し、

その残酷さをアメリカに伝えた。1948年イスラエルは独立を宣言し、アメリカはいち早くその独立を承認した。

地政学的には、第2次世界大戦後、ソ連がアラブ諸国との関係を深めていったのに対し、アメリカはイスラエルを足がかりとして中東支配を目ざした。冷戦の時代にイスラエルはまさにアメリカの「不沈空母」の役割を果た。

イスラエルの諜報機関モサドは、アメリカの諜報機関CIAと相互に情報交換し協力してきた歴史がある。しかもイスラエルにおいて最先端の技術革新はめざましく、アメリカとイスラエルは軍事的にも科学技術の開発においても密接な協力関係にある。

アメリカ政府はイスラエルを経済的にも支援してきた。イスラエルは小国にもかかわらず、アメリカの対外援助を最も多く受けてきた。国連においてもアメリカは安保理常任理事国として、イスラエルに不利な国連安保理決議を何回もこれまで拒否権を発動してきた。

アメリカとイスラエルのこの親密な関係は、オバマ政権下で悪化した。中東のイスラム諸国から圧力を受け、アメリカはこの地域内の力の均衡を保つのが難しくなっているからだ。しかし、トランプ政権となって、またアメリカは親イスラエルの国となった。トランプ大統領はテルアビブにある米国大使館をエルサレムに移すと、大統領選挙中に公約していた。しかし、国連はエルサレムを国際的都市としイスラエルの首都としては認めていない。

（9）イラン

イランのマフムード・アフマディーネジャード大統領（2005～13年）は、「イスラエルを地図上から抹殺する」と発言してきた。反イスラエルのイスラム諸国のなかでも、最も反イスラエル的な国である。

イランの核開発問題で、2015年7月にアメリカとEU・ヨーロッパ連合はイランと合意に達した。オバマ大統領は、「イランが核兵器をつくる道をすべて閉ざした。世界はより安全になる」と声明を発表した。2016年1月には制裁が解かれ、石油の輸出も再開され、凍結された資金も自由にアクセスできるようになると、イランはより多くの資金を国際的なテロのために使うこ

とができるようになる。イランの国際的地位や経済力が高まることでサウジアラビアやイスラエルをより警戒的にさせている。ただし、アメリカは弾道ミサイル開発や「テロ支援」に関する制裁は維持している。2016年5月現在、まだ欧州の大手銀行はイランの銀行との取引をためらっている。

　サウジアラビアとイランは中東において覇権争いをしている。「アラブの春」以降、両国はイエメンとシリアで対立している。2003年のイラク戦争によってサダム・フセインが失脚し、多数派のシーア派を通して、イランがイラクで影響力を増した。イランがバーレーンやサウジアラビアのシーア派を通して政権に揺さぶりをかけている。2016年1月、サウジアラビアはイランと国交を断絶した。

　イランはレバノンの南のヒズボラ、ガザ地区のハマスなど、イスラエルを攻撃するイスラム過激派を支援し、中東でのイランの影響圏が広がっている。

　イスラエルのネタニヤフ大統領は、イランの核開発が可能だとして、イランとの核開発合意を「歴史的誤り」と激しく批判している。対イラン政策では、イスラエルとサウジアラビアとで利害が一致している。必要とあらば独自の先制攻撃も辞さない方針を改めて示した。

　トランプ米大統領も、オバマ前米大統領のイラン合意に反対している。トランプ大統領は歴代大統領のなかでも、もっとも親イスラエルの大統領である。[10]

（10）イスラエルにおける天然ガス・石油資源の発見

　産油国の多い中東諸国のなかで、イスラエルだけは石油資源がなかった。約束の地であるカナンの地は、「岩から油が流れる」と聖書に記述されていたこともあり、これまで油田を求めて探索されてきた。ついに2010年、地中海沖で海底ガス田が発見され、開発が始まった。また、2015年10月、ゴラン高原においても石油埋蔵が発見された。これらの開発が進めば、イスラエルが石油・ガスの輸出国となる。

　イスラエルで石油・ガスの埋蔵が発見されたことは、中東の地政学的ダイナミックを大きく変化させるであろう。地中海の巨大なガス田は、レバノン

やキプロスとも領域を接している。ガザ地区が西岸地区とともにパレスチナとして分離独立すれば、ガザ地区沖のガス田はパレスチナの領域となり、イスラエルの領域ではなくなる。ゴラン高原は1967年の六日戦争でシリアから奪い占領したものである。埋蔵量が巨大であると言われているだけに、今後の趨勢が注視される。

ところで、オバマ大統領は、ISISのことを常にISILと呼んだ。ISISは「イラクとシリアのイスラム国」を意味するが、ISILのLは、レヴァント（Levant）を意味する。レヴァントとはシリア、レバノン、イスラエル、パレスチナ、ヨルダン、シナイ半島を含む地中海東部沿岸地域を指す。2014年6月、突如領土を占領して出現したISIS（ISIL）は、イラクからシリアばかりでなく、レバノン、イスラエル、エジプトまで射程に入れた広い地域の支配を目論んでいたことを示している。イスラエル沖で発見された巨大ガス田との関係が注目されるところである。

当時、オバマ大統領は国連安全保障理事会を通してイスラエルとパレスチナを分割する二カ国案の決議案を可決しようとしていたが、福音主義的キリスト教徒は分割案に反対している。トランプ現大統領がどのような形で中東に平和をもたらすのであろうか。

【注】
1　英国の外交の基本は常に力の均衡のドクトリンに基づき、他の諸国との同盟関係はどんな時期においても、けっして情緒的、あるいは倫理的であってはならず、なによりも冷淡で自己中心的に自国の利益を最優先して決定することが伝統となっていた。
2　マッキンダーは東西ヨーロッパの境界線をアドリア海とバルト海を結ぶ線とし、この境界線でドイツとロシアが力の均衡を維持し、けっして支配的な大国が生まれないようにすることをイギリスの戦略とした。
3　イギリスはロシアに武器・食糧などを海上輸送しロシアの戦闘を支援した。
4　ノルマンディー上陸を前に、アイゼンハワー将軍のスピーチは、ナチスに対抗するのは十字軍的な使命だと位置づけ、キリスト教的祈りをまじえ、兵士の士気を鼓舞している。https://ja.englishcentral.com/video/15958/d-

第 8 章　米国の世界覇権と現代の地政学

5　この法律の成立によって、合衆国はイギリス、ソ連、中国などに軍需物資を支援した。これが、ドイツが1941年12月11日アメリカに宣戦布告する要因となった。

6　アメリカは2001年の9・11事件後、アフガニスタンに侵攻した際に、中央アジアのキルギスとウズベキスタンに米軍が駐留する許可を得た。この2国はロシアの影響圏にありながら、米軍基地が設置されたのである。しかしウズベキスタンは2005年にアメリカ軍の駐留を拒否した。キルギスでも2013年マナス空軍基地から米軍が撤退を余儀なくされた。いずれの国もアメリカよりもロシアとの関係を重視しているからである。

7　ロシアの2月革命後にロシア帝国が崩壊した後に、イギリスがイランからバクーに侵攻したものの、部隊の規模が小さく、アゼルバイジャン政府を支援するオスマン・トルコ軍を制圧できなかった。1918年9月、オスマン・トルコ軍がバクーを占領した。しかし1918年10月末、第1次世界大戦でトルコが敗戦を認め、撤退した。パリ平和会議の後に、グルジアとアルメニアと同様に、事実上独立が認められるが、1920年4月、ソ連赤軍の侵攻によってソ連の領土となった。

8　1654年のペレヤースラウ会議でウクライナはロシアに再統合された。1954年にその300年記念として、ニキータ・フルシチョフはクリミア半島の管轄をロシア共和国からウクライナ共和国に移管した。当時はソ連だったので、別段問題は起こらなかった。

9　ポーランド・リトアニア共和国の領土は、1763年、1793年、1795年の3回にわたって、プロイセン、オーストリア、ロシアの3国によって分割された結果、1795年にポーランドは消滅した。第1次世界大戦後、ヴェルサイユ条約の民族自決の原則によって、1919年にポーランドの独立が回復されるまで（ナポレオン戦争中に一時的にワルシャワ公国として復活した時もあったが）、ポーランドは100年以上地図上から消えていた。1939年8月、ナチス・ドイツとソ連が締結した独ソ不可侵条約の秘密議定書によって、ポーランドの国土は再びドイツとソ連の2ヵ国に分割され、1945年5月、ナチスの降伏によりポーランドは復活した。

10　トランプの嫁婿のジャレット・クシュナーは大統領上級顧問に起用された。クシュナーはユダヤ系のユダヤ教徒で、娘のイヴァンカは結婚前にユダヤ教に改宗した。トランプは就任直後クシュナーによって中東に平和をもたらすと公言していた。トランプの選挙戦を支えたスタッフはユダヤ系が多かった。

【文献】

Brzezinski, Zbigniew (1997) The grand chessboard: American primacy and it's geostrategic imperative, Basic Books.（Z・ブレジンスキー著，山岡洋一訳『地政学で世界を読む』日本経済新聞社，1998年）

Evans-Pritchard, Ambrose (2016) The European Union always was a CIA project, as Brexiteers discover, Telegraph 27, Apr. 2016. http://www.telegraph.co.uk/business/2016/04/27/the-european-union-always-was-a-cia-project-as-brexiteers-discov/

Makinder, Halford, J. (1904) The geographical pivot of history. The Geographical Journal, 23, pp.421-37.

―――― (1919) Democratic ideals and reality: A study in the politics of reconstruction. Constable.（ハルフォード・マッキンダー著，曾村保信訳『マッキンダーの地政学 デモクラシーの理想と現実』原書房，2008年，初版1985年）

Papava, Vladimer (2006) East European democratization the political economy of Georgia's rose revolution. Orbis, 50-4, pp.657-667.

Shlapak, David A., Michael Johnson (2016) Reinforcing deterrence on NATO's eastern flank: Wargaming the defense of the Baltics. Rand Coopertion, Research report.

結びに代えて

　現代アメリカは「バナナ・リパブリック」だと評する人もいる。ラテンアメリカの歴史でも、大衆に人気のあるポピュリスト大統領の運命は、クーデターを起こされ打倒されるか、暗殺されるか、それとも取り込まれるかのいずれかに終わる場合が多かった。トランプ大統領も同様なリスクを抱えている。

　アメリカの帝国主義支配が今後どう推移するのだろうか。2017年後半は北朝鮮の核ミサイルなどの脅威が迫り、第3次世界大戦の危機もささやかれている。世界的により格差社会となり、民主主義の危機の時代となっている。

　トランプ政権を支持する福音主義的キリスト教徒は、「沼を排水する（drain the swamp）」ために、ワシントンを支配する闇の勢力が打倒されるように祈り続けている。またトランプ大統領の暗殺や戦争の危機が回避されるようにも祈っている。トランプ政権はハリケーン・ハーヴィの被害者のために9月3日を国民の祈りの日と呼びかけた。アメリカが建国以来のプロテスタンティズムの伝統に戻ろうとしている動きが注目される。

謝　辞

　本書の出版にさいして、時潮社社長の相良景行氏は出版の機会を与えてくださったばかりでなく、執筆の遅い筆者を激励し忍耐強く待ってくださった。編集担当の阿部進氏からは大変貴重なご助言を数多く賜った。また校正等で緊急に埼玉大学経済学部の学部生の川端竜弘さん、加賀大征さん、小林功汰さん、望月悠太さん、大堀慶裕さんには大変お世話になった。ここに記して謝意を申し上げる次第である。今回大きなテーマを扱ったために筆者の力量を超え、誤りや不適切な表現等がまだ残されていると思われるが、ご叱正やご批判を賜ることができれば誠に幸いである。

2017年11月1日

田中　恭子

著者略歴

田中　恭子（たなか・きょうこ）

昭和60年3月　お茶の水女子大学人間文化研究科（博士課程）退学
平成4年2月　オハイオ州立大学 Ph.D（地理学）取得
現　在　　　埼玉大学大学院人文社会科学研究科教授

【主著】
『保育と女性就業の都市空間構造―スウェーデン，アメリカ，日本の国際比較』時潮社、2008年。
『アメリカの金融危機と社会政策――地理学的アプローチ――』時潮社、2015年。

グローバリゼーションの地理学

2017年11月30日　第1版第1刷　　　定価2800円＋税

著　者　田中恭子　©
発行人　相良景行
発行所　㈲時潮社

〒174-0063　東京都板橋区前野町4-62-15
電　話　03-5915-9046
Ｆ Ａ Ｘ　03-5970-4030
郵便振替　00190-7-741179　時潮社
Ｕ Ｒ Ｌ　http://www.jichosha.jp
E-mail　kikaku@jichosha.jp

印刷・相良整版印刷　製本・武蔵製本

乱丁本・落丁本はお取り替えします。
ISBN978-4-7888-0721-1

時潮社の本

アメリカの金融危機と社会政策
――地理学的アプローチ――

田中恭子　著

Ａ５判・上製・224頁・定価2800円（税別）

住宅バブル崩壊と略奪的貸し付けなどで疲弊するアメリカ社会はどうしているのか。二極化は地域社会を分断し、富裕層はゲートシティに逃げ込む。続発する銃器犯罪と人種差別を理由とする暴動。黒人大統領オバマは社会融和の切り札ではなかった？価値観の争いともいわれる文化戦争をこえて、アメリカはどこに向かうのか。

保育と女性就業の都市空間構造
スウェーデン，アメリカ，日本の国際比較

田中恭子　著

Ａ５判・上製・256頁・定価3800円（税別）

地理学的方法を駆使して行った国際比較研究で得た知見に基づいて、著者はこう政策提言する、「少子化克服の鍵は、保育と女性就業が両立し得る地域社会システムの構築にある」と。『経済』『人口学研究』等書評多数。

イギリス植民地貿易史
――自由貿易からナショナル・トラスト成立へ――

四元忠博　著

Ａ５判・上製・360頁・定価3000円（税別）

イギリス経済史を俯瞰することはグローバル化世界の根幹を知ることでもある。人・モノ・カネの交流・交易――経済成長の行く先が「自然破壊」であった。そんななか自然豊かで広大な土地を不必要な開発行為から守る運動として始まったナショナル・トラスト、その成立課程をイギリス経済史のなかに位置づける。

物流新時代とグローバル化

吉岡秀輝　著

Ａ５判・並製・176頁・定価2800円（税別）

グローバル化著しい現代、その要でもある物流＝海運・空運の変遷を時代の変化のなかに投影し、規制緩和と、9.11以降大きな問題となった物流におけるセキュリティ対策の実際を、米国を例にみる。